中国奥运冠军经典案例心理分析

国家体育总局人力资源开发中心◎编

人民体育出版社

图书在版编目（CIP）数据

中国奥运冠军经典案例心理分析 / 国家体育总局人力资源开发中心编 . -- 北京 : 人民体育出版社 , 2021（2023.9 重印）

ISBN 978-7-5009-6091-1

Ⅰ . ①中… Ⅱ . ①国… Ⅲ . ①奥运会—冠军—体育心理学—案例—中国 Ⅳ . ① G804.87

中国版本图书馆 CIP 数据核字 (2021) 第 206758 号

*

人民体育出版社出版发行

北京中科印刷有限公司印刷

新　华　书　店　经　销

*

880 × 1230　32 开本　4.375 印张　100 千字

2021 年 11 月第 1 版　2023 年 9 月第 3 次印刷

印数：3,501—5,000 册

*

ISBN 978-7-5009-6091-1

定价：35.00 元

社址：北京市东城区体育馆路 8 号（天坛公园东门）

电话：67151482（发行部）　　邮编：100061

传真：67151483　　邮购：67118491

网址：www.psphpress.com

（购买本社图书，如遇有缺损页可与邮购部联系）

编委会

主　　任　姜兴华

副 主 任　匡乐华　王　军

委　　员　张欣芳　周明仁　于苗苗

编写组

主　　编　张力为

成　　员　（以姓氏音序排列）

葛　杨　贺春梅　黄滢珊　李爱谦　李　洋

罗霄骁　马　群　邵　帅　孙国晓　王彬彬

王英春　吴　颖　张连成　张　蓉　朱晓磊

FOREWORD

前　言

随着社会经济的飞速发展，人类竞技运动水平不断提升，运动场上的竞争越发激烈。在激烈的竞争中，运动员不断受到外界刺激，心里承受的压力也随之增加。所以，在运动员的技术、战术乃至科技保障之间的差距越来越小的情况下，心理素质对于比赛结果的影响越发突出。奥运赛场上，有的运动员能在最后一枪上演惊天逆转，有的却因心理压力过大而与成功失之交臂。2020 年东京奥运会男子马拉松冠军、肯尼亚名将埃鲁德 · 基普乔格说过："平时的训练身体更累，而比赛中则完全是心理层面上的比拼。"如何以适当的心理状态确保竞技水平在比赛中得到充分发挥，这是竞技体育永恒的话题。

改革开放以来，在党中央、国务院的坚强领导下，我国体育事业取得举世瞩目的成就，尤其是一代又一代的体育健儿顽强拼搏，在奥运会的舞台上为国家赢得了荣誉，为我国竞技体育谱写了不朽篇章。他们的拼搏故事是珍贵的民族记忆，他们的成功经验更是中国竞技体育宝贵的资源，其中，他们是怎样克服困难，练就“一颗强大心脏”并最终站上最高领奖台的，同样值得关注和研究。这对于现役运动员打造过硬的心理素质，在关键时刻调整心理状态，对于其他青年朋友们在各自岗位上争创佳绩都具有现实的借鉴意义。

非常感谢郭晶晶、焦刘洋、佟文、雷声、杜丽、殷剑、陈一冰、冯喆、邹凯、张成龙、郭伟阳、何冲、张怡宁、张娟娟、陈若琳、林丹、冼东妹、曹忠荣、杨秀丽、叶诗文、徐莉佳、唐宾、金紫薇、奚爱华、张杨杨、林清峰、吕小军、董栋、郭文珺（按照书中出现顺序）等奥运健儿的支持，本书从运动心理学的专业视角出发，选取他们在北京奥运会和伦敦奥运会上的夺冠事例作为样本，结合运动心理学理论知识及心理指导实际，阐述了包括成就动机、运动自信、情绪控制、逆境应对、注意集中、意外应对、比赛定位、意志品质、团队凝聚力和平常心十个方面的冠军心理品质，内容翔实，论述清晰，富有贴近性和专业性，旨在为运动员、教练员和广大读者提供心理指导和行动建议。

本书由北京体育大学心理学院张力为团队编纂而成，编写成员包括葛杨、贺春梅、黄滢珊、李爱谦、李洋、罗霄骁、马群、邵帅、孙国晓、王彬彬、王英春、吴颖、张连成、张蓉、朱晓磊（以姓氏音序排列），尽管他们日后的工作单位有所变化，但当初自选题至成书，他们进行了大量的选题组织、资料收集、汇总、分析、撰写等工作，感谢他们的重要贡献。感谢宋宇，他做了大量的、繁杂的却是十分重要的编辑工作。感谢艾丽欣、高倩、龚然、李丹阳、刘洁洁、吕文琦、员东婷（以姓氏音序排列）对文稿所做的最后校改。这本书既是集体智慧的成果，也代表了作者团队对中国运动员征战奥运、勇攀高峰的崇高敬意。此外，还要感谢本书所参考的中外优质文献作者，感谢广州国体联体育服务有限公司对本书出版的支持。尽管团队在本书的编写过程中竭力付出，但由于时间仓促，难免有遗憾与不足，敬请广大读者批评指正。

编委会

CONTENTS

目 录

一、成就动机

成功就是强迫自己坚持下去

——郭晶晶北京奥运会夺冠心理分析 …………………张连成 002

支撑四年的一口气

——焦刘洋伦敦奥运会夺冠心理分析…………………罗霄骁 007

二、运动自信

能摔倒我的人还未出生

——佟文北京奥运会夺冠心理分析…………………张连成 014

三、情绪控制

换剑是既定战术

——雷声伦敦奥运会夺冠心理分析…………………邵 帅 020

四、逆境应对

又临绝境，我赢了
——杜丽北京奥运会夺冠心理分析…………………………贺春梅 026

曾经莽撞少年，如今“帆”越人生
——殷剑北京奥运会夺冠心理分析…………………………张　蓉 031

“零失误”上演完美逆转
——中国体操男队伦敦奥运会夺冠心理分析……………李　洋 038

五、注意集中

能力与心态共铸成功
——何冲北京奥运会夺冠心理分析…………………………张连成 048

六、意外应对

充分准备，灵活应变
——张怡宁北京奥运会夺冠心理分析………………………马　群 054

真正的胜利与结果无关
——陈一冰伦敦奥运会夺银心理分析………………………李　洋 059

七、比赛定位

拼到哪儿算哪儿
——张娟娟北京奥运会夺冠心理分析………………………黄滢珊 066

高调做事，低调做人
——陈若琳北京奥运会夺冠心理分析………………………张连成 073

瑜亮之争，心态决定成败

——林丹伦敦奥运会夺冠心理分析……………………朱晓磊 079

八、意志品质

不经一番寒彻骨，怎得梅花扑鼻香

——冼东妹、曹忠荣、杨秀丽、叶诗文奥运会夺冠心理分析…张连成、罗霄骁、葛 杨 086

拼体力也要拼头脑

——徐莉佳伦敦奥运会夺冠心理分析………………王彬彬 094

九、团队凝聚力

和队友们在一起就有了希望

——中国赛艇队女子四人双桨北京奥运会夺冠心理分析…李爱谦 100

十、平常心

奥运会对我来说就是一次特训

——林清峰、吕小军伦敦奥运会夺冠心理分析…………孙国晓 106

不思好，不思坏，平常心

——董栋伦敦奥运会夺冠心理分析……………………吴 颖 111

守住动作，控制杂念

——郭文珺伦敦奥运会夺冠心理分析…………………王英春 120

参考文献……………………………………………………127

01

一、成就动机

成功就是强迫自己坚持下去

——郭晶晶北京奥运会夺冠心理分析

张连成

运动员要想达到最高目标实属不易，要持续保持最佳竞技状态更是难上加难。一个又一个四年的轮回里，他们历经了无数艰辛。他们需要耐得住寂寞，克服重重困难，其中滋味也许只有经历过的人才会明白。即便如此，他们依然选择了坚持，不断强迫自己坚持下去，一次次向世人展示着奥林匹克的魅力，一遍遍书写着属于自己的辉煌。

实战案例

2008 年 8 月 17 日，北京奥运会跳水女子 3 米跳板决赛在国家游泳中心“水立方”进行。“跳水皇后”郭晶晶不负众望，以总分 415.35 分的高分成功卫冕，为中国体育代表团赢得了北京奥运会上的第 35 枚金牌，这也是她在北京奥运会上收获的第 2 枚金牌。至此，她的奥运会奖牌数已达到 4 金 2 银，成就了世界女子跳水的一段传奇。赛后，郭晶晶将自己的成功归结为："成功就是强迫自己坚持下去。"

郭晶晶是中国跳水"梦之队"的领军人物，曾多次获得世界冠军。然而，辉煌的背后是她一步步走过的荆棘之路。她 5 岁练跳水，15 岁首次参加奥运会，获得女子 10 米跳台第 5 名，1998 年参加世锦赛，获得女子 3 米跳板亚军。在之后的悉尼奥运会上，她与奥运会冠军失之交臂，获得了女子 3 米跳板单人亚军、双人亚军。

巨大的压力、残酷的现实并没有让她意志消沉、打退堂鼓。相反，出于对跳水运动的喜爱，她凭借着坚韧不拔的毅力、永不服输的信念和更加刻苦的训练继续着自己的跳水生涯。2004 年雅典奥运会，郭晶晶终于实现了奥运夺冠的梦想。国歌奏响的那一刻，郭晶晶激动地说："冠军时刻，我终于等到了！" 2004 年之后的又一个四年，郭晶晶没有止步。从 2007 年墨尔本世锦赛到世界杯系列赛，再到奥运会选拔赛，她几乎包揽了女子 3 米跳板单人项目和双人项目所有的金牌，并一直把这种良好的竞技状态保持到了北京奥运会，从而成功收获了女子双人 3 米跳板和女子单人 3 米跳板两枚金牌。那么，是什么原因使她在漫长的职业生涯中保持着如此高的竞技水平呢？稍加分析，不难发现，对于郭晶晶来讲，成功的秘诀就是“坚持”。“在不停地重复做同一件事的时候，也会有一个过程，慢慢会往下走，会有起伏，有时候就很难过，但是那时候就会告诉自己，没关系，坚持顶过去就会好了。”在状态好的时候要坚持，在状态低迷的时候更要坚持，“因为低迷只是通往成功的一个过程，是通往成功的一道坎，过去了就是成功。”

跳水名将李娜对郭晶晶的表现也非常赞赏：“满分 10 分的话，我给她打 11 分，因为我觉得郭晶晶这四年（2004—2008 年）坚持下来非常不容易，其实她在此前也遇到了很多的困难，包括她的伤病，所以我觉得作为一个参加过 4 届奥运会的老运动员，她依然能保持这么高的竞技状态，太不容易了，很多小队员都在看着她。”

“作为运动员很辛苦，能够一直坚持下来，动力是什么？”主持人问郭晶晶。她说：“因为我喜欢站在跳板上的感觉，是对跳水的热爱让我一直坚持下来。”

可见，坚持是郭晶晶运动生涯的鲜明印记，一个又一个四年，郭晶晶从未止步，时刻激励自己，不断超越自我。郭晶晶第 4 次登上奥运冠军领奖台的那一刻，人们明白了郭晶晶成功的秘诀是什么，那就是激发自己的动机，强迫自己坚持下去。

心理分析

运动员能否激发自己的动机，不断超越自我，是其能否保持最高竞技水平的先决条件。看过武侠小说的人，都知道号称“天下第一”的人往往都是难以战胜自我，最后败下阵来，其实他们就是输给了

自己。那么运动员该如何激发自己的动机呢？根据相关的知识，我们有如下六点建议。

第一，培养兴趣爱好，干一行不如爱一行，爱一行不如迷一行。分析郭晶晶的成长历程，我们可以发现，对跳水的热爱是支持着她战胜种种艰辛、勇往直前的动力之源。做自己所热爱的、热爱自己所做的——对跳水的热爱是郭晶晶能够成功的重要原因。正如她所说："其实，雅典奥运会我已经拿到了一切，但我依然坚持着跳了下来，我真的喜欢跳水，喜欢站在跳板上的那种感觉。"

第二，合理设置目标。根据运动心理学的研究，目标设置应该遵循长期目标与短期目标相结合、任务定向的目标与自我定向的目标相结合的原则。对于运动员来说，长期目标就是要拿奥运冠军，这一最高目标有时会显得有些渺茫，因此可以将其细化，通过完成一个又一个的短期目标来实现最终的长期目标。同时，在设置目标时，要尽量设置任务定向的目标，即强调纵向地自己与自己相比，注重个人努力，以掌握技能、完成任务为目标的心理定向。郭晶晶的强迫自己坚持下去、不断超越自己的例子就是典型的任务定向。

第三，对运动员进行必要的归因训练。引导运动员将成功归因于自己的能力以及个人的努力，并积极为其创设可以经努力而成功的训练环境，提高自我价值感，激发训练及比赛的动机。

第四，给予运动员积极的反馈。教练员及队友应该善于发现运动员的进步，只要运动员有一丝进步就给予表扬，不断强化其积极之处。

第五，给予运动员适当的自主决策权，满足运动员的需要。有了自主决策权，自主需要得到满足，可以使运动员从“别人要我去练”向“我想去练”转变，激发运动员的内在动机。

第六，发挥团队激励的优势。在运动员经历挫折时，教练员及队友等要给予积极的鼓励和支持，帮助其战胜困难，树立成功的信心，激发训练动机。

支撑四年的一口气

——焦刘洋伦敦奥运会夺冠心理分析

罗霄骁

奥运会是所有运动员的梦想之地，但是在瞬息万变的赛场上，除了胜利、庆祝，更多的却是失败、遗憾。即便如此，奥运盛会仍旧吸引着一批又一批优秀的运动员纷至沓来。是什么支撑他们为了一个梦想，在一个又一个四年中日夜奋斗？或许是荣誉，是责任，是自我的实现……也有可能是一口气，一口不服输的气，一口想要证明自己的气。

实战案例

2012 年 8 月 2 日，伦敦奥运会迎来了女子 200 米蝶泳的决赛，中国队有两位队员进入决赛，分别是上届冠军刘子歌和她的队友、蝶泳名将焦刘洋。此时，无数国人的目光聚焦伦敦奥林匹克水上中心，期待见证中国游泳的历史性时刻。

随着裁判的发令枪响，比赛开始。运动员们宛如在水上舞动的

蝴蝶，激起阵阵水花，快速前进。刘子歌抢先发力，处在第一的位置，人们纷纷为她呐喊叫好，同时更为焦刘洋担心，因为完成前 50 米时她只暂列第五。当然，比赛从来就不会这么简单。半程结束，刘子歌落到了第二位，同时，焦刘洋也已经落后暂列第一的西班牙选手半个身位之多，大家不禁为她俩捏把汗。然而女子蝶泳毕竟是中国游泳的强项，怎会让金牌轻易旁落？第三个 50 米，焦刘洋凭借稳定的节奏追到了第二。进入最关键的冲刺阶段，她似乎一下子爆发出了积蓄的能量，上演了绝地反超！最后以 2 分 4 秒 04 的成绩打破奥运会纪录，夺得了她梦寐以求的奥运冠军。胜利后的焦刘洋挥舞右拳砸向水面，然后伸出食指不停地晃动，她在告诉全世界：“我才是世界第一！”

比赛结束后，焦刘洋接受了采访。

记者：四年终于圆梦，你觉得今天能够获胜的关键因素是什么？

焦刘洋：我觉得可能就是心态吧。

记者：在今天的比赛中，我们看到你后程冲刺能力非常强，在此前训练中，这方面是否也做了特意安排？

焦刘洋：对，因为我半决赛的时候试了一下前程快一点游，但后程就比较费力，所以决赛的时候才会又进行了一些改变。

记者：今天的比赛中，对手的实力非常强，赛前刘海涛教练给你制定了怎样的战术？

焦刘洋：他就是希望我能把技术完成好。

记者：对今天打破奥运会纪录的成绩有什么评价？

焦刘洋：其实这一直是我想的，我赛前想的是能游进（2分）4秒以内。

提到过去的日子，她几度哽咽。

焦刘洋：这枚金牌意味着完满的结束。四年，这一口气一直在顶着，让我坚持这么久，促使我更加地努力……四年真的很长，四年可以改变很多东西，菲尔普斯四年前在北京拿了八金，现在拿一金都很艰难。2008年，我在北京也破了世界纪录，但是没有得到金牌，坦白说，就是这口气一直支撑着我走过这四年，坚持到今天。我一直告诉自己要坚持，一定要挺住这口气。换句话说，如果四年前拿到了金牌，可能我也没有今天了。

即使比赛早已结束，在电视访谈栏目《奥运风云会》上，提起过去的四年，焦刘洋还是忍不住掉下眼泪，她的教练员刘海涛也对她的努力做出了高度评价。

主持人：为什么会看好焦刘洋拿这块金牌？

刘海涛：我们从2008年以后，四年间，对这块奥运金牌一直没有放弃。我和焦刘洋在这四年中配合得非常好。而且，在最近一年中，我觉得她表现得非常好，就是不去想（其他）任何东西，一心一意去做这一件事情。

主持人：获得冠军之后，你（焦刘洋）眼中充满了笑意，但谈到过往的四年，眼泪就流下来了。当时是什么记忆冲进脑海了？

焦刘洋：现在一想也还不太行，真的很激动。四年真的特别不容易……（哽咽）当时（2008年）那么被看好,没有拿到这枚金牌，我觉得对不起很多人，让他们白辛苦了那么久。这四年我确实经历了很多。从2009年全运会开始，状态不好，很低迷，然后一直到改技术，出国训练，到后面有很多人觉得我可能会被外界影响，会分心，不会那么专注于训练，会想很多事，但是我觉得这枚金牌证明了我真的在努力，不管别人怎么说，我做到了。

……

焦刘洋：我今天能拿到这枚金牌，有一部分原因是刘子歌，这些年我们俩一直是良性竞争，我们都迅速地成长。我也常说，如果2008年奥运会我拿了这枚金牌，我敢肯定，就不会有我的今天。因为那个时候我刚十七八岁，很小，如果我拿了金牌，我会很自豪。很骄傲，一下飞上天去了，就不会让自己迅速沉淀下来，进入下一个周期的训练。

心理分析

北京奥运会上，焦刘洋和刘子歌双双打破世界纪录，创造了中国泳坛的传奇。但竞技运动的冠军只有一个，刘子歌以不可思议的速度击败了大家普遍看好的焦刘洋，从此走上了“蝶后”的辉煌道路。焦刘洋从人们的视野中淡出，她一直憋着一口气，她要证明自己，她要用自己的实力夺回“蝶后”之位。接下来的四年是那么的艰苦，状态低迷、换新技术等一系列难题影响了焦刘洋前进的脚步。

尽管如此，四年，这一口气一直在顶着，让她坚持这么久，促使她更加努力！最终，凭借着这一口气，伦敦奥运会，焦刘洋终于圆梦，新后加冕！这口气，就是成就需要。

成就需要（need for achievement）是人的一种基本需要，指一种内化的、出人头地的愿望，反映了人们在个人目标和工作志向方面的差异。在任何有竞争或有评价、有比较的场合，成就需要程度高的人会尽力争取比别人做得好。很显然，焦刘洋是一个成就需要很高的运动员，她不服输，她要证明自己可以比别人做得好，这便激发了她强烈的动机，无论遇到怎样的困难，都会迎难而上，绝不退缩。

成就需要是影响运动员动机的重要因素，培养运动员的成就需要很有必要。例如，在运动员的入队教育中，讲述本队的光荣史，介绍前辈的优秀传统，往往会给运动员的整个运动生涯带来长期的正面影响。又如，树立同年龄同项目的榜样也会对运动员产生激励作用（例如，焦刘洋把刘子歌当作榜样，并要努力超越她）。运动员有了强烈的成就需要，激发出强有力的动机，才能在艰苦的训练中坚持下来，才有机会在奥运赛场上证明自己。

02

二、运动自信

能摔倒我的人还未出生

——佟文北京奥运会夺冠心理分析

张连成

喷泉的高度不会超过它的源头，一个人的成就不会超过他的信念。只有自信的运动员才能实现他的最终目标。“2004 年我没在(因伤缺席雅典奥运会)，让塚田真希把金牌拿走了。2008 年我来了，我要把这块金牌夺回来。”这种“我能行”的信念让佟文实现了承诺，最终，她在北京科技大学体育馆将女子柔道 78 公斤以上级冠军收入囊中。

实战案例

2008 年 8 月 15 日，北京奥运会女子柔道 78 公斤以上级决赛在北京科技大学体育馆举行，中国选手佟文后来居上，逆转击败上届冠军、日本选手塚田真希，为中国体育代表团夺得北京奥运会上的第 24 枚金牌。

自 1992 年以来，女子柔道 78 公斤以上级这枚女子柔道最大级

别项目的金牌，除了在雅典奥运会上失手外，其余均被中国队收入囊中。2004 年意外失手的孙福明退役后，佟文就表示要捍卫大级别的荣誉，夺回冠军。

那几年，在参加的 11 项国际大赛中，佟文 9 次问鼎，成为奥运会夺冠热门。首战，佟文的对手是雅典奥运会铜牌得主捷娅 · 东古扎什维利。佟文仅用 49 秒就用“一本”将这位俄罗斯老将斩下马。第二场，佟文遇到了以逸待劳的乌克兰选手马林娜·普罗科菲耶娃，她在 2 分 5 秒时就以“横四方固”将对方摆平，再次一本取胜。接下来佟文应战的是韩国的小将金谀永，佟文也不客气，再次一本胜出，这次用的绝技还是“横四方固”。A组决赛中，佟文赢得有些惊险。比赛进行了4分钟后，她得到10分，以微弱的优势晋级决赛。

与赛前预料的一样，佟文与上届冠军、日本选手塚田真希在决赛中相遇。在比赛开始阶段，面对老对手，佟文显得很被动，1分52秒被对手以一个“投技”获得一个有效，随后对方因为消极进攻而被判犯规。之后塚田真希的防守做得非常出色，佟文数次出击都是无功而返。此时，佟文1比10不敌塚田真希。随着时间的流逝，佟文似乎难免一败了，但是此时的佟文看起来并不紧张，仍然很镇定地寻找机会。就在比赛结束前18秒，佟文上演了奇迹般的一幕，她用一个漂亮的“背负投”将雅典奥运会冠军塚田真希掀翻在地，一本获胜，夺得女子柔道78公斤以上级冠军。

赛后，记者问：“前半程你一直落后对手，你是怎样顶住压力取胜的呢？”佟文说：“就是一种信念，一定要取得最后的胜利，不能给国人丢脸。”记者说：“中国女子柔道上一届奥运会在这个级别只获得了铜牌。”佟文自信地说：“我一定要捍卫中国柔道大级别在世界的荣誉，2004年的时候，这块金牌就是被她拿走了，我跟教练讲，2004年我没在，让她把这块金牌拿走了，2008年我来了，我要把这块金牌夺回来。”

吴卫凤教练也说：“在那个关键时候她能够相信自己，一本能够摔起来，应该就是觉得我不会输给你，在北京怎么可能让你赢呢，我每次都赢你，这次还能输给你吗，我就第二了吗？我觉得她赢在一种信念上。”

赛后新闻发布会上，佟文表示：“我必须赢下这场比赛，这是我的信念。我在赛场上不仅代表自己，还肩负着为国家而战的责任。”佟文并不满足于在北京奥运会上夺冠，“下一届奥运会我还要参加，继续捍卫中国女柔大级别的荣誉。”如此的豪言壮语再次表明，佟文是何等的自信！

心理分析

根据班杜拉的自我效能理论，自我效能（自信）建立在4种信息来源之上，即成败经验（直接经验）、替代经验（间接经验）、言语与社会诱导、生理状态，这4种信息影响人的效能期望，效能期望进而影响人的认知、情绪和行为。其中，成败经验及言语与社会诱导对佟文的自信的影响更突出一些，下面我们对此进行分析。

我们过去的成败经验是亲身经历，对自信形成的影响最大。成功的体验可提高自信，多次的失败会降低人们对自己能力的判断值。在体育运动中，这一信息主要来自比赛表现和运动成绩。两届世锦赛冠军佟文，拥有大赛经验丰富、心理素质过硬的优势，在与夺金主要对手、雅典奥运会冠军、日本名将塚田真希的交锋史上，自雅典奥运会后至北京奥运会，佟文5战5胜，保持不败。这可能是佟文对赢得这场比赛的自信心的最主要来源。

另一个促使自信形成的信息来源是言语诱导，包括他人的建议、劝告以及自我规劝。言语诱导会使人们相信自己的能力，在完成特定任务时付出更大、更持久的努力。佟文的自信就离不开教练员的鼓励。吴卫凤教练多年来一直告诉佟文："能摔倒佟文的人还没有来到这个人世间，你放心吧，你永远是最棒的！"这样的言语劝导使佟文变得越来越自信。

自信就是佟文所说的那种信念。对于佟文来讲，就是坚信自己一定能成功，所以才能在比赛的最后10多秒时间里镇定自如。"对，我当时就坚信我一定不会输的。快到最后时我想，难道你就甘心输掉你的信念吗？于是还剩10多秒时，我就摔出了那个一本。"国家体育总局举摔柔运动管理中心原副主任宋兆年赛后对佟文的胜利给予了很高的评价："她表现得太好了！佟文今天主要就是赢在了良好的心理素质和体能上。应该说，她比赛的时候头脑还是非常清醒的，就是到了最后也没有乱了阵脚。"

正是有了成功的经验，有了教练员的积极诱导，佟文有了自信，这就是她和教练员所讲的那种"信念"，这种必胜的信念也就是班杜拉所说的效能期待，这种信念最终决定了佟文的胜利。

03

三、情绪控制

换剑是既定战术

——雷声伦敦奥运会夺冠心理分析

邵帅

男子花剑项目历来被欧洲选手垄断，雷声在伦敦奥运会夺冠，成为截至当时现代奥运会 116 年历史上第一个在该项目中夺冠的中国选手，也是第二个夺得该项目冠军的非欧洲选手。虽然在比赛中出现了争议判罚以及对手中断比赛进行治疗等一系列状况，但是雷声依然在前期落后的情况下以 15∶13 的最终比分战胜对手，赢得金牌。

实战案例

决赛中，雷声的对手为埃及选手阿波尔卡西姆。比赛一开始，雷声进攻非常主动，可惜阿波尔卡西姆趁机偷了一剑，率先得分，随后雷声很快就回敬了一剑。雷声一直在主动进攻，接下来一次互中，因为雷声有主动权，这一分又判给了雷声。雷声身高 193 厘米，臂展长是他的优势。他抓住机会，连中两剑，以比分 4∶2 领先。

在比赛进行过程中，场上突然出现了一个小意外，阿波尔卡西姆向裁判申请暂停，示意自己手臂受伤了，要求医生为他治伤，比赛不得不暂停。原来在上一轮进攻中，阿波尔卡西姆持剑的手臂被剑头戳中。雷声用毛巾包住了头，一言不发，静静地坐在一旁调整情绪。

经过暂停治疗后，比赛继续进行，当时离首回合比赛结束还有1分28秒。比赛恢复后，雷声没有受到比赛暂停的影响，进攻更为犀利，上来双方就互中，雷声还是因为占据主动而得到这一分。随后阿波尔卡西姆一直没有击中有效部位，且战且退的过程中，雷声利用臂展优势一个跨步击中目标，6∶2。接着雷声一连串防守抵挡住了对手的进攻，不过阿波尔卡西姆主动进攻不利，反击却屡屡奏效，连续反击得到两分，6∶4。

首回合比赛还剩下30秒时，雷声利用速率的变化，再中两剑，8∶4。阿波尔卡西姆再次偷袭得手一

剑，首回合还剩下 8 秒，双方没有继续进攻。

第二回合开始，阿波尔卡西姆改变战术，率先得到 3 剑，此时雷声仅仅领先 1 剑，之后谁再得一剑将获得很大的主动权。双方在这个比分上僵持了很久，雷声突然进攻，虽然双方互中，但是雷声得到了这一分。随后雷声又中一剑，重新以 9∶7 获得两剑的领先优势，掌握了很大的主动权。这时场上出现意外一幕：裁判认为雷声犯规，判了红牌，雷声被罚了一剑。大家都不知道裁判亮红牌罚分的依据，教练席上的教练员王海滨对这个判罚非常不满。好在接下来雷声并没有受到这次判罚的影响，依旧是近战再得一分。

随后阿波尔卡西姆再次利用防守后退时突然向前，连续得手，反超了比分。第二回合还剩下 16 秒，雷声果断出击，追平了关键的一剑。第二回合比赛结束，双方比分 11 平。

第三回合比赛，阿波尔卡西姆率先反击得到一分，雷声没有调整好自己的步伐，对方几乎用同样的办法又得到一剑，阿波尔卡西姆以 13∶11 领先。生死关头，雷声申请换剑，调节一下节奏。随后雷声突然加速命中非常关键的一剑，12∶13。接下来雷声再中一剑，双方比分 13 平！

13 平之后，双方互中，雷声有主动权，14∶13，雷声掌握赛点。阿波尔卡西姆要求观看比赛回放，但是裁判还是维持原判，阿波尔卡西姆非常着急，连续三剑没能击中有效部位。随后雷声抓住机会，命中了锁定胜局的一剑，夺得了中国男子花剑队第一块奥运金牌，实现了历史性的突破。

比赛结束后的采访中，当记者询问在比赛中出现小插曲时的心理反应时，雷声回答道："中途对手请求场外疗伤，我披着毛巾一直告诉自己要平静，不要受到外界的干扰和影响。”

记者问他在至关重要的第二局落后的情况下，王海滨指导布置了什么战术。雷声说：“王指导就是让我进攻，越简单越好，因为当时对手的体能也在下降。比赛中我严格按照教练制定的战术，最后落后时换剑，也是战术之一。”

心理分析

击剑比赛具有很强的观赏性，而其独特的观赏魅力就在于比赛中激烈的对抗以及节奏，所以在击剑项目中运动员对自己情绪的调节与控制就显得十分必要。首先，在这场比赛中我们可以看到，两

个对手之间的实力不相上下，比分一直十分接近，双方都曾领先对手。其次，在这场比赛中出现了较多的意外状况，而雷声能在落后4剑的情况下追平，并在关键的13∶13的平局状况下连得两剑，最终锁定金牌，我们认为有以下几点原因：

第一，积极地贯彻比赛中制定的战术安排。在比赛中我们看到，无论是在何种状况下，雷声一直保持着积极主动的进攻态势。第二，及时调整心态。在对手受伤的时候，雷声并没有闲着，而是抓紧时间在那里调整自己的情绪。第三，面对逆境时不动摇。在比赛中雷声先是被判犯规，再是处于落后的不利局面，而雷声通过换剑的方式来调整自己的情绪，最终扳平比分。第四，保持自己的情绪与斗志。在赛后，雷声表示：“决赛上场前，没想到能拿下冠军，就是告诉自己，一定别让自己后悔。在场上的时候比较专注，一直告诉自己一定能做到。”专注的效果就是保证了情绪与斗志的一贯性，使自己的发挥稳定，最终获得冠军。

04

四、逆境应对

又临绝境，我赢了

——杜丽北京奥运会夺冠心理分析

贺春梅

8.7 环！当杜丽第一枪打出这样糟糕的成绩之后，几乎所有现场和电视机前中国观众的心都提到了嗓子眼儿。这是 2008 年 8 月 14 日 12 点 30 分在北京射击馆举行的女子 50 米步枪三姿决赛中出现的一幕。

杜丽在资格赛的成绩是 589 环，位居第一，可就这一枪将资格赛中通过 60 枪才拼出的 1 环优势丢掉了，杜丽的排名也从第一——下落到了第三。8 月 9 日首金决赛时的梦魇像幽灵一样，在时隔 120 小时后又一次浮现在杜丽面前。

再一次面临绝境！ 26 岁的杜丽面临着挺住或者崩溃的抉择！但是她丝毫没有犹豫地选择了勇敢面对，最终以总分 690.3 环取得胜利，还创造了新的奥运会决赛纪录，这是我国体育代表团在北京奥运会上的第 19 枚金牌。

每当回想起那时的场面，所有的人都忍不住会为杜丽鼓掌喝彩，也正是因为她能够在逆境中顽强地坚持下来，全世界才会看到在奥运领奖台上她那最美丽的笑容。

实战案例

从2003年世界杯赛打破世界纪录到2004年奥运会夺冠，再到夺得世界“大满贯”，杜丽在女子气步枪项目上似乎是一览众山小。

2008年8月9日上午10点30分，女子10米气步枪项目开始了，这意味着北京奥运会首金争夺战拉开了帷幕。作为雅典奥运会女子气步枪冠军，国人对杜丽在北京卫冕寄予了极大的希望。但是重压之下，她最终只收获了该项目的第五名，那一刻，失望的杜丽泪流满面。

又一次站在了射击场上，女子50米步枪三姿决赛，这是憾别北京奥运会首金后的第五天，杜丽再次顽强地向冠军发起冲击。决赛刚开始，杜丽的发挥不是很稳定，第一枪只打出了8.7环，这是大失水准的一枪，所有的观众都倒吸了一口气。杜丽则习惯性地将头深深地埋进步枪背面。资格赛排在第二名和第三名的古巴选手埃莉斯·克鲁斯和哈萨克斯坦选手奥莉加·多夫贡则分别打出了10.1 环和 10.0 环，一下子超越了杜丽，杜丽的成绩滑落到了第三名。到第四枪的时候，古巴选手已经升至第一。

但是，当不利的形势再次出现时，杜丽没有动摇冲金的决心，而是积极地调整自己的状态。果然，之后杜丽连续打出两个 10.8 环，将其他选手抛于身后。最后一发 10.5 环，她将决赛成绩定格在了破奥运会纪录的 690.3 环，并最终在自己的副项女子 50 米步枪三姿项目上获得宝贵一金。

轻轻地将枪放下，杜丽抿着嘴笑了笑。接着，她高扬起双手向观众挥舞，深深地鞠了一躬。顿时，场上响起了雷鸣般的掌声，观众欢呼着“杜丽！杜丽！”

“这五天，我不敢出门，就连训练我都不敢看大家。”这是杜丽走出赛场后说的第一句话，“这五天，对我来说，比雅典奥运会后艰难的四年还要长。”

心理分析

当 8 月 9 日北京奥运会第一项比赛女子 10 米气步枪的比赛打响后，大家关心的是杜丽能不能继雅典奥运会后再次为中国奥运代表团射下第一金。在这样的压力下，尽管杜丽很出色，但她实在是承受不住国人的期望。第五名，杜丽走出了射击馆，看到涌上来的媒体记者，她掩面而泣。没能在女子 10 米气步枪项目上卫冕让杜丽觉得很沮丧：“我很懊恼，当时打完决赛，我自己并没有为我

没拿到这块金牌而感到很失望。我只是觉得资格赛打得这么完美，可是最后结果却是这样。当时我很不愿意接受这样的现实。”

但是为了四天以后的另一场比赛，杜丽需要做的是收起眼泪，继续训练。回忆起那段艰难的日子，杜丽这样说：“赛前的一次训练，我打得不是特别好，当时都想放弃了。后来，很多志愿者送来写满祝福的卡片给我，鼓励我，让我非常感动。”杜丽坚定地说，“我感觉自己没有理由放弃，我终于站起来了！”

可是在女子 50 米步枪三姿的决赛中，又一次出现了艰难的局面，第一枪只打出 8.7 环。全场观众都哗然了。“第一枪的 8.7 环确实因为紧张，又犯了 9 号那天同样的错误。但我不停地对自己说，一定要挺过来！”杜丽赛后回忆说，“回味失败不是我的风格！”

在赛后接受采访时，杜丽被问到是如何从强项失利的阴影中走出来的，她是这样回答的：“第二个项目感觉把握不大，项目本身包括了三种不同的姿势，本身也比气枪更难把握一些，而且作为室外项目还会受到天气等因素的影响，当时打之前那几天没有电话，就对着天花板在想，如果我打好会怎样，打不好又会怎样，当时感觉把那股火，把斗志给逼出来了，最后我也没有想过为什么跪射会打得那么好，真的已经是很棒很棒了。”

竞技运动充满了挑战，也充斥着艰辛。金牌象征着奥运的最高荣誉，收获金牌的秘诀就是在逆境中坚持到底，不言放弃。在这困难的时刻，杜丽能够做到关键时刻不手软，抓住机会也最终抓住了自己的成功，杜丽挺过来了。虽然在气步枪中的失常表现还让杜丽感到遗憾，但她不会因此而耿耿于怀。她说：“总会有遗憾的。比赛的魅力就在于总会有遗憾，但也总会在比赛中进步。”如果能够用这样的心态去面对，逆境也就变得没那么可怕了。

曾经莽撞少年，如今“帆”越人生

——殷剑北京奥运会夺冠心理分析

张蓉

2008年8月20日的青岛奥帆中心注定被写入中国帆船的历史，在这一天，中国姑娘殷剑夺得了中国帆板项目上的第一块奥运金牌，她没有让雅典奥运会痛失金牌的那一幕重演，经过了四年的苦练，带着梦想再次启航的殷剑完成了她人生中也许是最重要的一次超越。

实战案例

在2004年雅典奥运会上，四川姑娘殷剑曾离金牌非常近，当年她在帆板项目女子米氏级比赛中处于领先位置，在比赛还剩2轮时位列积分榜首位，但在最后奖牌轮的比赛中，夺金心切的殷剑与澳大利亚选手的一次相撞使她丢掉了这枚本属于她的金牌。四年过去了，殷剑的心理状态也发生了微妙的变化，她已经从痛失金牌的懊悔中走出来。北京奥运会帆板比赛中纳入了新的RS:X级项目，

让殷剑萌生了再战奥运会的想法，经过长时间的摸爬滚打、熟悉新器材、上量训练，殷剑再次回到世界顶级选手的行列。

参加北京奥运会是殷剑的一个心愿，夺得帆板项目上的金牌、弥补四年前的遗憾也是殷剑的一个梦想。一切同四年前的雅典是如此相似，一轮一轮的预赛拼下来后，殷剑以领先第二名5分的优势进入奖牌轮，只要在奖牌轮中正常发挥，殷剑就将创造中国帆船项目的历史！

第二次面对金牌的诱惑，殷剑褪去了四年前的稚嫩与毛躁。在从8月11日开始的前三轮比赛中，殷剑表现出色，连获三轮小组第一，显示了她超强的实力。

比赛一波三折，从8月12日开始，青岛海域的风力从8节一路升到12节。习惯于小风天气的殷剑发挥不佳，但对于习惯了海洋训练的欧洲队员来说，这种风力已是“家常便饭”。在第八轮比赛结束后，殷剑的名次一下子落到了第八位。当晚，她终于忍不住，给母亲打了一个电话，大哭了一场。赛后殷剑坦言："压力真的太大了，越是到这个时候，我越会感到孤独。"

尽管处于不利地位，但在最后的冲刺阶段，西班牙选手犯规被罚让殷剑看到了机会。此后，殷剑奋起直追，来到第三的位置，在绕标时，殷剑也尽量让前面的船先行，以免相撞犯规，殷剑就这样稳健冲过终点，以 1 分的优势力压意大利选手夺得这枚宝贵的金牌！

"从四年前我就奔着这个目标努力，一直坚持到现在，我觉得取得这个成绩非常不容易。作为一个老队员我克服了很多伤病，能够坚持到今天，感谢很多朋友、领导对我的关心。谢谢青岛和这片海域给我的好运！"夺冠后的殷剑声音有些颤抖，两眼含着热泪。

回首殷剑的帆板生涯，从 1992 年年初试帆板到 2008 年获奥运冠军，这 16 年的辛酸艰苦或许只有殷剑自己知道。

1993 年，刚学习帆板一年多的她进步神速，经常得到领导和教练员的表扬，只有十几岁的她开始骄傲自满，无心训练。经过教练组再三权衡，小殷剑被开除了。被赶回家的她认真反思，心态和精神都发生了很大变化。半年之后，脱胎换骨的她重新回到了训练队。从那之后，无论多么困难，她始终坚持训练。她说："我不会放弃，我能成功！"就是靠着这样的信念，殷剑一步一步、脚踏实地地向自己的理想前进着。

帆船运动表面风光，实际上运动员要付出巨大的艰辛与努力。腰、肩、腿、脚，只要是用力的部位，都容易出现伤病。殷剑说："奥运会前有一段时间连上楼梯都费劲，阴雨天更是痛得要命。"奥运帆板比赛开始后，每天晚上，殷剑都要进行长时间的按摩和针灸治疗，这样才能保证第二天准时出现在赛场上。

邛海启航，雅典试水，青岛扬帆，16 年帆板生涯，殷剑终于成为中国帆板运动第一人。

心理分析

经历过无数次成功与失败的洗礼，当年的渔家小姑娘，凭着顽强的意志和毅力，终于一步一步实现了自己的冠军梦想。

在媒体见面会上，面对意大利老将森西尼的祝贺，年过 30 岁的殷剑感慨良多：“这四年我克服了数不清的困难。随着年龄的增大，我的体能逐渐下降，而帆板又是一项对体能要求极高的运动，特别是在小风中比赛，需摇帆才能加速前进。伤病也一直困扰着我，这四年来的每个晚上，我几乎将所有时间都用于治疗伤病，每天都要接受按摩、针灸等治疗，这样我才能顺利完成第二天的训练。年轻选手的快速成长对我的冲击很大。我一直很羡慕森西尼，能有长达 25 年的运动生涯。”

教练员蒋琛对于殷剑金牌日的表现十分满意，“在这四年的备战中，她不仅要战胜伤病，而且要与队友竞争，最终能获得成功，对殷剑的意志也是一种很好的历练。”蒋琛接着说道，“总体来讲，殷剑表现得非常好。作为帆板运动员，不可能应对任何风力都是她的特长。应该说，在应对各种风力上，殷剑都把握得不错。我们赛前准备得特别充分，所以殷剑在心态把握上控制得非常好。在落后的情况下，她表现得非常沉着，一切机会都被她把握住了。”当记者请蒋琛用几个形容词概括一下自己眼中的这名女弟子时，蒋琛不假思索地说：“坚韧、顽强、理智、聪明。”

殷剑就是这样一名有着坚韧、顽强性格的运动员。赛后，一位记者问道：“在名次落后的时候，你是怎么想的？”她说：“开始时，我大脑一片空白，动作都变形了，心想这下可完了，之前好不容易拼下来的第一名保不住了。但是，后来我冷静下来了。”殷剑的回答显示了她沉着、冷静的大将之风和处变不惊的平稳心态。

运动员比赛表现主要与三大因素有关，即比赛身体状态、比赛技术状态和比赛心理状态。特别是在奥运会这种高水平的比赛中，决赛的竞争往往是心理素质的竞争。具有优秀的心理素质是运动员发挥竞技水平的重要保障。

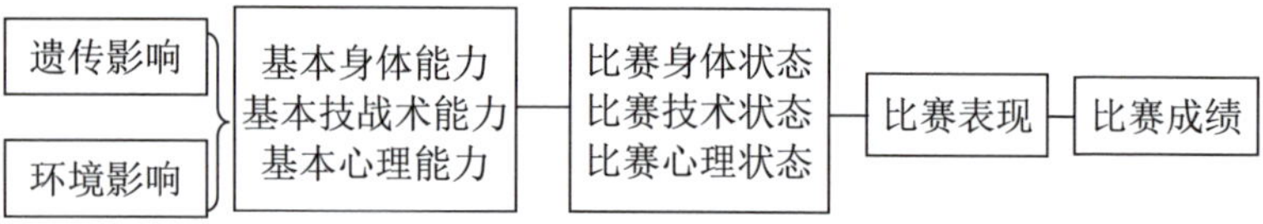

运动员比赛表现内部因素分析

首先，在技术方面，与国外选手不同的是，殷剑在小风天会采用摇帆的战术，而国外选手大都在大风天时才会采用这样的战术。从比赛的状态和成绩来看，殷剑的实力完全有冲金的可能。

其次，蒋琛和殷剑共同制定了比赛心理对策库。根据赛前和赛中可能出现的各种情况，事先建立好相应的各种对策，以做到心中有数，有备无患。制定有针对性、实用性强的比赛心理对策库有利于在应激状态下，运动员迅速调整自己的心态，净化思想，把注意力更好地集中在比赛过程中。在第 6 轮落后的情况下，比赛心理对策库就发挥了作用。在赛后谈起落后时自己的心理时，她说道："我一看排在最前面的是意大利的森西尼，心里就欣慰了许多（森西尼之前与殷剑相差 20 分）。后来就想，无所谓了，能跑什么样算什么样。没想到，前面的西班牙选手又与英国选手发生了碰撞，当时我就想，这可真是天意啊！"她补充道，"赛前备战，教练员考虑得都很细致，落后的时候怎么做，领先的时候怎么做，都有详细的计划，所以真遇到这种情况，我稳定下来就知道怎么做了，就是坚持着拼到底，等着对手犯错误。"

最后，殷剑本身就具有一种坚韧、不服输的性格，这是她经历过离队、伤病、与金牌失之交臂以后形成的一种宝贵的财富。她善于分析自己的状态和对手的状态，保持自己思维的有序性，保证了自己在决赛后程技术的正常发挥。从无到有，从失意到得意，殷剑成熟了很多。同时，家人的支持也给她带来了巨大的力量，她说："不管我比赛成绩好还是不好，家人都会很高兴地等我回家。""这一段时间，我听得最多的歌就是《感恩的心》，每次想到不管是成功还是失败，都会有那么多人在支持着我，我就会平静下来。"

帆板运动是一项很孤寂的运动。一个人、一张帆、一块板、一片大海。而殷剑把这种孤寂当成一种乐趣，一种动力，并努力去创造好成绩。尽管训练异常艰苦，但她还是坚持扬帆起航。这次能够成功摘金，是天道酬勤的最好例证。

“零失误”上演完美逆转

——中国体操男队伦敦奥运会夺冠心理分析

李洋

人生如潮汐，潮起潮落，难有风平浪静的时候。追求成功的道路上，一帆风顺的光景更是少见，一如世间最美的风景总在人迹罕至的地方，路途越是荆棘密布，在尽头，越会有不一样的风景等候人们去领略。2012 年伦敦奥运会，中国体操男队在经历伤病、换人、预赛成绩不佳的各种风波后拿下了团体金牌，就像暴风雨洗礼过的天空绽放出了最华美的彩虹。

实战案例

2012 年 7 月 31 日，第 30 届奥林匹克运动会在英国伦敦北格林威治体育馆结束了体操第三个比赛日的较量。在男子团体决赛中，中国队发挥出色，全场 18 套动作“零失误”，从预赛第六的不利位置完美逆转，以 275.997 分成功蝉联奥运会团体金牌，其中吊环 44.899 分、跳马 48.316 分、双杆 46.750 分、单杠 47.066 分、自由体操 45.133 分、鞍马 43.833 分。日本队以 271.952 分获得亚军，英国队摘得铜牌。

为了打好此次团体赛，中国体操男队提前近两周飞往北爱尔兰进行备战。然而，备战的过程却是一波三折。先是队长陈一冰在训练中膝盖受伤，所幸并无大碍，但也让中国体操男队虚惊一场。之后没两天，队伍再传坏消息，全队最有经验也是全能最好的运动员滕海滨在训练中前臂严重受伤，无法参加奥运会。滕海滨是全队资历最老、大赛经验最丰富的运动员。他的受伤对中国体操男队的影响不言而喻，总教练黄玉斌甚至一声叹息："我们本来对日本队就没多大优势，这一下可能已经处于下风了。"无奈之下，中国队只得临阵换将，火速召集国内最好的全能运动员之一、替补运动员郭伟阳入队。

资格赛中中国队员普遍表现不佳，失误频频，集体陷入了低迷。其中，火线入队的郭伟阳一人出场比 6 个项目，却在 5 个项目出现了不同程度的失误，仅跳马发挥正常。这也是在所难免的，由于滕海滨临阵伤退，郭伟阳被临时征调，他睡眼惺忪地来到伦敦，连运动器械都没顾上适应就上场参赛了。除了郭伟阳，其他人也相继出现不同程度的失误。这样的结果使得中国队在资格赛中仅排名第六，险些进不了决赛。此时众多媒体也开始质疑中国体操男队的卫冕前景。尽管外界普遍不看好中国队，但队员们并没有看低自己。就在决赛前，在更衣室内，队长陈一冰面对有些沉重的队友，挥起拳头，咚的一声砸在墙上，大喊一声："信我！"冯喆、邹凯、张成龙、郭伟阳个个变得斗志昂扬。

参加此次决赛的八支队伍分别来自美国、俄罗斯、英国、德国、

日本、中国、法国和乌克兰。根据预赛成绩，美国队与俄罗斯队分在第一组，英国队和德国队分在第二组，中国队与日本队分在第三组，法国队和乌克兰队同处于第四组。

第三组的首个项目为吊环，日本队派出内村航平、田中佑典和山室光史，分别拿到了 15.133 分、15.200 分和 15.366 分。中国队首先上场的是来自四川的冯喆，他的一套动作完成得有一些小瑕疵，但凭借其高难度下法，他最终拿到了 14.533 分。第二个上场的郭伟阳一改预赛的低迷，一套动作虽然在起倒立时有点晃动，但整套动作算成功完成，最终拿到了 14.566 分。最后一个上场的“吊环王”

陈一冰用一套无可争议的动作拿到了 15.800 的高分。

首轮比赛结束后，中国队总分为 44.899，暂列第六。

第二个项目为跳马，首先出场的邹凯最终得到了 15.900 分。第二个出场的是张成龙，他凭借难度优势得到了 16.200 分。最后一个出场的冯喆与张成龙的动作一样，但在落地时向前迈了一步，最终拿到了 16.216 分。

日本队随后出场，其最后一个出场的山室光史因严重失误只拿到了 14.033 分。中国队以 93.215 分跃居第一，乌克兰队、日本队和法国队紧随其后。

第三项中国队比的是双杠。中国队在这一项上的总得分为 46.750 分，半程过后以 139.965 分仍然排在第一位。日本队在双杠

项目上得到了46.282分，总分137.955分暂列第二。

第四项是单杠，总得分为47.066分，四项过后中国队以总分187.031分继续稳居榜首位置。日本队在单杠上得到了46.899分，总分184.854分紧随中国队排名第二。

中国队在随后进行的第五项自由操上的总得分为45.133分，总分232.164分依然排名第一。日本队在自由操项目上得到了44.733分，总分229.587分排名紧随中国队之后。美国队第五项比的是双杠，最终得到了45.765分，总分223.553分排名第六。俄罗斯队的双杠拿到了43.965分，总分224.570分排名第五。英国队在单杠上得到了43.833分，总分225.579分排名第四。德国队在单杠上拿到了45.065分，总分222.820分排名第七。乌克兰队鞍马得到了44.966分，总分225.827分排名第三。

最后一项，中国队比的是鞍马，在资格赛中，中国队在这一项上失误频频，丢分较多。首先上场的陈一冰顺利完成动作，为中国队开了一个好头，这套难度6.2的动作也为他赢得了14.733分，顺利完成全部动作的陈一冰也伸出食指为下面出场的队友鼓劲。随后郭伟阳登场，尽管整套动作完成得略有瑕疵，但郭伟阳还是坚持完成了整套动作，最后稳稳落地，完成全部动作后郭伟阳伸出双臂，如释重负，最终他得到了14.600分。压轴出场的是张成龙，最终他也亮出了一套高规格的动作，得到14.500分，为中国队圆满收官。尽管此时主要竞争对手日本队的最后一项还没有开始比，但是中国队已然胜券在握！

至此，中国体操男队完成了逆转，以275.997分的总成绩，卫冕成功，再度站上最高领奖台，这也是中国体操队首次蝉联奥运会体操男子团体冠军。这枚来之不易的金牌也是中国奥运军团在伦敦奥运会上获得的第九枚金牌。

心理分析

伦敦奥运会的男团项目首次将 6–3–3 赛制改为 5–3–3 赛制 (5 人上场，每项 3 人)，这对中国队人员安排造成一定压力，对其他强队却明显是利好消息。此外，在北爱尔兰备战期间，“吊环王”陈一冰的膝盖在一次训练中意外受伤，所幸的是不会影响参赛。但开赛在即，雅典奥运会鞍马冠军滕海滨因前臂受伤被迫挥泪告别奥运会。不得已，中国队临时启动了预备方案——将小将郭伟阳紧急召入队伍顶替受伤的滕海滨。

各支强队都虎视眈眈地盯着这枚金牌，再加上规则改变、伤病打击、临场换将等内忧外患，中国体操队面临着前所未有的逆境。但全队上下并未丧失斗志，有气势、理智地沉着应对，由队长陈一冰领衔，邹凯、张成龙、冯喆、郭伟阳新老搭配，顶住压力，奋勇拼搏，最终实现了中国男子体操队的首次卫冕。用主教练黄玉斌的话讲，“小伙子们是超额完成了比赛任务”。

面对重重困境，中国体操男队之所以能做到临危不乱、沉着应对，主要源于以下四点：

第一，优良作风。中国体操队曾赢过也曾输过，赢得起，也输得起。打硬战、抗压力、取胜利是中国体操队一以贯之的精神理念。

第二，团队意识。面对失误的队友，相互鼓励，不曾抱怨。再周全的预案也无法完全避免失误的发生。比赛中，失误是正常现象。

因此，任何人的失误都不值得去抱怨，抱怨只会伤及队伍的气势，耽误问题的解决。面对逆境应避免抱怨，以解决问题为先。在郭伟阳出现失误的情况下，从领导、教练员、队友到工作人员没有一句批评的话，队友几句简单的鼓励，却体现出极大的信任。大赛面前，团队的共识和默契最重要，信念不动摇，胜利就在眼前。

第三，赛前预案。参加伦敦奥运会之前，中国体操队准备充分，赛前训练经常预演各种不确定性的情境，对于突发情况有了强大的心理准备，事先预想了各种可能出现的意外情况，制订了具有针对性的详细比赛方案。尽管在临近奥运比赛时出现了伤病情况，但队伍能够立即拿出可以执行的方案来补救，这对全队顺利完成夺金任务是有利的，对队伍的士气也是有利的。

第四,逆境中的自信。带着失误的分数进入决赛,队伍不曾气馁,反倒越挫越勇,更加放得开,敢做动作,因此才造就了决赛“零失误”的奇迹。逆境中方显日常积累。采访中发现，队员们有一个统一特征，那就是日常超比赛强度的训练造就的个人自信和集体自信。

作为教练员，应该具备赛场的指挥艺术，在队伍出现危机、面临逆境时，应及时提供情感支持，缓解逆境对运动员技术发挥的消极影响。应充分理解运动员当时的心情，通过信任的目光、贴心的交流、解决问题的建议等及时给运动员传递鼓励和支持的信息。在日常训练中，要摸清运动员的行为习惯、个人心态、心理特征等，尽量模拟运动员会出现的特殊情况，指导运动员采取不同的应对方式，以减少逆境的突然出现而导致的心理不适。

作为运动员，则需要培养适合自己的心理调节模式。合理宣泄和适度倾诉，有利于缓解精神压力，减少精神上对抗消极情感的能量损耗。如果倾诉对象具有较好的学识修养和较多的生活经验，将会给运动员适当抚慰，为之鼓气。运动员还应学会无条件地接纳自己，无论是好的一面还是不好的一面，时刻保持一个理性的态度，尽可能正确全面地评价自己，而不以一时的愉快或郁闷而接纳或否定自己。

05

五、注意集中

能力与心态共铸成功

——何冲北京奥运会夺冠心理分析

张连成

运动员大赛发挥失准的原因有很多，过分关注比赛结果而忽略自己的动作控制可能是最具普遍性的一个原因。“难度王”何冲曾经也有过大赛习惯性失利、心理素质不稳定的情况，但是北京奥运会赛场上，他终于战胜了自我，在比赛中很好地控制了自己的动作，用一枚极具分量的男子3米跳板奥运金牌为自己正名——何冲已经是一名成熟的顶尖高手。

实战案例

2008年8月19日，北京奥运会跳水男子3米跳板决赛在“水立方”拉开序幕。中国选手何冲第一跳发挥出色，获得91.45分，暂时排名第一。

比赛在一轮一轮地进行，前两跳何冲虽然表现完美，但因难度不高，并未与对手拉开比分差距。不过从第三跳开始，何冲开始冲

击，难度系数越来越高，动作越来越稳定，领先优势越来越大。

第三跳，何冲凭借难度系数为 3.5 的 307C 得到了 99.75 分，这也掀起了全场第一个高潮。第四跳的 5154B，何冲又得到了 98.60 分，领先加拿大名将德斯帕蒂 22.25 分。凭借这两跳的出色发挥，何冲几乎提前锁定了金牌。然而，并未有任何放松的何冲在最后一跳使出“撒手锏”5156B，这一难度系数达到 3.8 的动作为他赢得了 100.70 分，这一跳让他毫无争议地摘得了北京奥运会男子 3 米跳板的金牌。

在比赛中，何冲自始至终保持领先，排在何冲后面的德斯帕蒂每一跳获得的高分，都给了何冲巨大的心理压力。跳水队心理老师说：“但是他并没有因此而分心，而是沉着稳定、专注地跳出了自己的最高水平，表现出了一位优秀运动员的功底。”

赛后，何冲说：“跳水是一种个人比赛，而不是面对面的对抗型比赛。把注意力集中到自己身上非常重要。”

可见，何冲的成功与正确的注意指向——关注自己的动作是分不开的。何冲的夺冠也给了我们一个重要的启示：正确的注意指向是保证运动员良好发挥的重要条件。

心理分析

作为中国跳水队男子3米跳板上的绝对主力，何冲在能力上有一定的优势，他是当时世界唯一能够同时完成5156B、5355B两个高难度动作的跳水运动员。其中3米跳板项目上难度系数达到3.9的超高难度动作5355B——反身翻腾两周半转体两周半屈体，当时世界上只有两个人能完成，何冲是其中之一。何冲就是凭借高难度动作的稳定发挥和其他动作的完美表现捍卫了他在跳水界“神奇小子”的称号。但是，这只能说明他具备这个能力，那么他又是否具有良好的心态呢？

北京奥运会前，何冲的心理素质并不太稳定，甚至是有所欠缺，经常在比赛中暴露出这样或那样的问题。2005年蒙特利尔游泳世锦赛，何冲落后东道主名将德斯帕蒂近100分，位列第三；2006年常熟跳水世界杯，他跳出一个罕见的0分；2007年墨尔本游泳世锦赛，他紧张得根本看不到板头，最终无缘前三……

赛前，跳水队心理专家介绍：“何冲在技术上已经达到了完美，但是他对比赛的认识还不太老到，注意力不集中，比赛中容易受到外界影响。在今天这样强手如林的大赛上，他的心理稍不稳定就会出现技术失误。”

为了调整何冲的心理状态，跳水队在济南集训期间，使用了全部心理调节手段，综合对他进行心理训练。心理专家提到：“最有效的是领队周继红设计主持的系列心理演讲，让何冲受到了巨大的

启发。他在听了队员们比赛中战胜心理影响而集中注意力、专注比赛的故事后，完全打开了心扉，第一次主动在大家面前将全部的心理问题亮了出来，并从此成了‘心理调节车’的常客。”

此外，心理老师帮他分析，如心理投射效应，即太在乎别人的感受，并有针对性地进行了一些心理辅导。调整后的何冲开朗多了，和队友秦凯成了好朋友，两人形影不离，互相调侃。之后在队内演讲中，何冲敢于将自己内心最深刻的思想坦白于众：“像我们教练经常说的，这个队伍里都是世界冠军和奥运冠军，你没什么了不起的。”

比赛中，看到何冲的表现，队友李娜感言：“何冲在之前的比赛中，一直没有调整好心态，所以总会出现一些问题，但是从今年在水立方的比赛中，我就感觉他的心理明显成熟了很多。”

赛后何冲也坦言这枚金牌对自己意义非凡："这枚金牌有不一样的意义。一直以来我在重大赛事中经常会犯错和紧张，但是这场我很好地控制住了自己，做到了教练要求我做的。在教练的帮助下，我调整得非常好，所以今天的发挥很好。"

可见，何冲已经学会了在大赛中控制自己的注意指向，提示自己关注自己的动作。这样的心态，再加上他出色的能力，铸就了今天的成功！

06

六、意外应对

充分准备，灵活应变

——张怡宁北京奥运会夺冠心理分析

马群

奥林匹克的魅力不仅来源于“更快、更高、更强、更团结”的精神，赛场上扣人心弦的对抗、瞬息万变的形势，更具有无穷的吸引力。奥运比赛的难以预测性对观众来说是精彩的看点，对运动员来讲则很可能是拦路虎。张怡宁在北京奥运会女乒单打的夺冠之路上差点就被 1/4 决赛中的一个“小意外”拦住。

实战案例

2008 年 8 月 21 日晚上，张怡宁要与新加坡选手冯天薇争夺北京奥运会乒乓球女单半决赛的入场券。由于之前场馆没有其他比赛，张怡宁和队友们早早就赶到现场练球。“我们提前了两个半小时到场地练球，练得挺投入的，不知不觉时间就过去了，在比赛开始前，我就觉得有点疲劳，状态不是很理想。”张怡宁回忆说。疲劳对于张怡宁这样久经考验的选手来说不是个大问题，真正考验她的是赛前的突发事件。

赛前半个小时，张怡宁突然接到裁判通知，球拍经检查不合格，她只能使用备用球拍比赛。“我当时都傻了！”张怡宁这样形容自己当时的心情，“我现在也不知道究竟我的球拍有什么问题，可能是胶水涂多了，厚度有问题。”海绵越厚，球拍的弹性就越强，击出球的速度也就越快，所以在比赛前粘球拍时，有些中国运动员会连刷十几层胶水以增加海绵弹性。国际乒联规定海绵加胶皮的厚度不得超过 4 毫米，但由于长期刷胶使胶水层变厚，相加后的厚度可能会超标，张怡宁就是吃了这个亏。比赛即将开始，张怡宁只能接受现实。但主板和备用板之间差距有多大？“主板粘得很好很好，我备用板用的是 7 天之前放在柜子里的海绵，而且是让队友帮我粘的，那个海绵就跟鞋底子一样，一点弹性都没有。”张怡宁说。

“工欲善其事，必先利其器”，比赛前临场换拍，对张怡宁的真正考验来了。“比赛还没开始，我就有点底气不足。换了备用球拍后，发力的火候和弧度都和正常球拍有些偏差，打起来很别扭。”赛前张怡宁普遍被认为将轻松战胜冯天薇，但一只球拍使得比赛过程充满紧张气氛，张怡宁以 13：11 艰难赢得第一局，第二局则以 12：14 失利。面对困境，以心理稳定著称的张怡宁终于通过自我调整，不断争取主动，挺了过来。首先，张怡宁努力不再想备用板的问题，关注比赛信息从而有效集中注意力。稳定之后，她进一步审视比赛状况，重新布置战术，“不能这么发力，因为我想对方的攻击力、攻击点也拉不死我，我想只能先以上台为主，所以我们两个人耗住了。”在接下来的三局中，张怡宁分别以 14：12、12：10 和 13：11 无比接近的比分，艰难地取得了胜利。

心理分析

赛场上的种种意外情况在心理学研究中叫作“突发事件”。要有效应对突发事件，运动员一方面需要事先做足准备，另一方面遇到突发事件时要保持心理稳定，灵活寻找应对方法。

参加比赛前尽量做足准备，对运动员来说十分有益：一方面，可以帮助他们组织安排时间，使注意力逐步集中到比赛上来；另一方面，可以帮助他们提前排除周围环境的不确定因素，避免干扰。在复杂多变的比赛环境下要想帮助运动员做到心中有底、胸有成竹、信心百倍、充分发挥技术战术水平，运动心理学中常采用的方法是赛前建立“比赛对策库”。

建立比赛对策库不仅需要结合项目特点和比赛条件，更要求教练员、运动员和心理工作者互相讨论、共同努力，才能有针对性

地做好全面而充分的赛前准备。比赛对策库的格式并没有严格的规定，但其内容一般包括程序活动对策库和预发事件对策库两部分，其中预发事件对策库是有效应对突发事件的利器，它包含了针对各种可能发生的情况而制定的应对措施。预发事件对策库有助于运动员增强比赛适应能力，降低各类应激反应，做到处变不惊。本次比赛张怡宁的预发事件对策库中，是否有“主板被检测出问题的对应措施”我们不得而知，但不难预料在之后的运动生涯中张怡宁一定不会忘了准备好备用球拍。

赛前做好准备并不能保证运动员比赛万无一失，意外事件本来就是体育比赛的组成部分，运动员需要灵活应变。然而，赛场虽千变万化，但万变不离其宗，运动员也须保持内心稳定自信。参赛之前，运动员都会针对对手特点制定策略，即所谓的“比赛计划”，比赛计划提供了运动员在比赛中努力的格局和方向。而当计划外事件发生时，就是考验运动员应变能力的时刻，比如开局十分不利，或如案例中提到的临场换拍。是坚守原计划以求稳，还是果断换招以求变？赛场不是考试，没有正确答案。这一次张怡宁凭借老到的经验、稳定的心理，把握关键、主动变招，终获成功。张怡宁成功的关键不在于这次选对了路，而在于多次大赛练就了她稳定的心理素质和良好的应变能力。

赛场上没有人能保证不出意外，要想成功应对突发事件，就要从赛前充分准备和提高应变能力两方面入手，正所谓“未雨绸缪终有益，随机应变成正果”。

真正的胜利与结果无关

——陈一冰伦敦奥运会夺银心理分析

李洋

赛场如战场，有赢必有输。诚然，一场胜利是证明运动员价值的最好体现，一枚金牌是对运动员所有付出最好的回报。然而，赛场上的冠军往往只能有一个，而赛场上最伟大的运动员却不总是获得金牌的那一个。种种意外状况常使比赛结果难以预料，有时甚至因为人为因素导致比赛结果备受争议。但在真正伟大的运动员眼中，比赛结果只是裁判区分胜负的依据，真正的胜利是自己做到了无可挑剔。

实战案例

2012 年 8 月 6 日，伦敦奥运会展开了第十个比赛日的角逐。在体操男子吊环决赛中，中国名将陈一冰以 15.800 分摘得银牌，意大利老将莫兰迪以 15.750 分收获铜牌，巴西运动员扎内蒂以 15.900 分摘得金牌。

有“吊环王”美誉的陈一冰不仅是上届冠军，也是四届世锦赛吊环冠军得主，在该项目上拥有绝对的统治力。资格赛陈一冰以15.858分位列第一，2011年体操世锦赛吊环亚军、巴西选手扎内蒂以15.616分暂列第二。决赛中陈一冰第一个上场，这个不利的出场顺序似乎已经为陈一冰后面的遭遇埋下了伏笔：尽管一整套难度系数高达6.8的动作都顺利完成，停顿时间长、器械无晃动、最后下法也稳稳站住，但陈一冰的完美表现并没有获得裁判的认可，15.800分的得分甚至比他资格赛得分还要低。

资格赛排名第二的扎内蒂最后一个出场，他的整套动作难度系数与陈一冰一样，也是6.8。扎内蒂的动作完成情况也不错，但质量明显不如第一个出场的陈一冰，最后下法也后退了一小步。在他的分数出来之前，连央视的现场解说员都认为“应该超不过陈一冰”，广大中国体操迷也准备欢庆这枚意料之中的金牌。然而，最终分数出来，扎内蒂的最终得分为15.900分，这也让他以超出陈一冰0.1分的优势夺得该项目的金牌，陈一冰只能屈居亚军。

当扎内蒂的分数打出来的那一刻，所有人都惊呆了，连扎内蒂自己都露出了难以置信的表情。但作为当事人的陈一冰却显得非常平静，脸上仍旧维持着此前的笑容。只见陈一冰走到场边，从包里掏出一面横幅，上书“冰力十足”。陈一冰没有因为意外丢金而表现出失望或者懊恼，还是面带笑容向场边观众展示了这面横幅，随后还走到扎内蒂身边，和后者拥抱表示祝贺。在这样的争议时刻，陈一冰表现出来的乐观和大度也让我们重新认识了这个帅气的大男孩。

随后进行的颁奖仪式上，陈一冰一直面带笑容。当颁奖嘉宾将银牌戴到他的脖子上时，陈一冰还拿起奖牌深深地吻了一下，并向场边观众挥手致意。但笑容并不代表他的心里没有遗憾。颁奖仪式结束后，站到摄像机前面的陈一冰再也控制不住自己的情绪，没说两句就哽咽了：“说实话，心里很痛！这四年我学会的是荣辱不惊，赢得起，也输得起。”陈一冰转了下头，轻轻擦了一下眼角的泪水，“我想说我今天发挥了自己的全部水平，我没有遗憾的。如果说遗憾，只能说遗憾退役。”

扎内蒂的分数出来之后，不少体操迷纷纷表示不满，连现场观众也对裁判的打分很不认可，直到颁奖仪式的时候，现场仍有观众在鼓噪。用电视评论员的话说，“陈一冰的环上表现和下法都无懈可击，很难找到可扣分的因素，表现可以用‘完美’来形容”。而在吊环比赛中，下法对最终得分影响很大，“最终的冠军一般都是稳稳站住的。”难怪扎内蒂得分一出来，中方的教练组和队员都感到很震惊，体操奥运冠军李小鹏直言：“这打分有些看不懂。”

赛后，中国体操队领队叶振南也发表了自己的看法：“这种事在中国体操腾飞的过程中不胜枚举，特别是有规定动作的时代，我们老一代的体操人只能打掉牙往肚里咽呀！所以，我们要求运动员只有加倍训练，技高一筹，除了征服观众，征服对手，还要征服裁判，才能获得优胜。”与陈一冰一起拿下团体金牌的队友张成龙也对陈一冰表示了支持：“刚刚看完吊环比赛，非常不开心，这分数实在难以接受，冰哥的表现相当完美，在我看来你就是冠军！”BBC的解说员这样评价陈一冰：“他用金牌的动作拿了银牌。”

吊环比赛结果很意外，在某网站进行的民意调查中，超过80%的网友认为“裁判打分太不公”。但事已至此，结果已经无法改变，陈一冰的大度表现足以为他赢得一枚“精神上的金牌”。多年以后，或许很多人都已经不记得这届奥运会的吊环冠军是扎内蒂，但应该有很多人会记得，那个在不公待遇下露出大度笑容的中国大男孩。

心理分析

影响比赛结果的因素可谓纷繁复杂，自身状态的起伏、赛场温度湿度的变化、现场观众观赛的习惯等都可能在不经意间左右了比赛的趋势。偶尔也会像陈一冰这样，受到人为因素的干扰，而未能实现预期目标。变幻莫测的赛场上，总是难免出现这些意料之外的情况。而应对这些意外，有时需要应急的预案，有时则需要大度的

气魄。

无论是对大众媒体，还是对体操界的专业人士，包括“吊环王”陈一冰自己，都认为这枚金牌是势在必得的。对于很多运动员而言，“被看好”并不是一件好事，这经常会让当事人深感责任重大，莫名地比对手背负上了更多的压力，比赛时反倒由于压力过大导致发挥失常。而吊环决赛中的陈一冰，一副大气从容的气魄，第一个登场完成比赛，这本来已是较为不利的因素，却丝毫没有影响他的发挥。最终，他以稳定的技术动作，过人的难度水平，扎实稳健的下法落地，完美地完成了自己的成套动作。这一切源于他真正地做到了任务定向、过程定向。比赛中的陈一冰将注意力全部关注在技术动作的完成上，不去考虑这块金牌将会归属于谁，他想追求的只有完美地完成所有动作。他对比赛结果的反应恰恰证明了这一点。正是这种真正看淡结果、注重比赛过程、注重自我超越的心态，帮助陈一冰成就了完美的发挥。赛后，他没有因为比赛结果的不如人意而做出任何过激反应；相反，他在赛后接受采访时表示自己对比赛的结果并没有遗憾，因为他自己的成套动作已经做到了完美，其他的都是裁判的工作，自己不会在意太多。

没能获得金牌的结果确实出乎陈一冰的意料，这也让他很心痛，毕竟四年的努力没能得到金牌的肯定，小伙子也一度泪湿眼眶。面对这样的结果，遗憾、难过也是在所难免的。但陈一冰心里清楚，打分项目的特点的确如此，运动员一套动作的完成质量在每个裁判员眼中应得的分数都是不尽相同的，所以裁判给出的完成分具有相当的主观成分。面对裁判的不公，他没有选择抱怨，或是拒绝承认裁判的打分，他的心早已做出一个伟大的选择：从容接受一切结果，因为真正的胜利是属于完美发挥的自己，与结果无关。正如一句广告语说的那样："裁判能左右你的成绩，但决定不了你的伟大！"而这枚银牌，无疑更能成就这位伟大的体操运动员。

07

七、比赛定位

拼到哪儿算哪儿

——张娟娟北京奥运会夺冠心理分析

黄滢珊

在竞技体育中，随着比赛的临近，心理因素往往变得越来越重要。尤其在奥运聚光灯下，运动员如何摆正自己的位置，赛中怎样调整注意定向，能否合理控制心理状态，都决定了挑战金牌的可能性。“养兵千日，用兵一时”，日常训练的效果往往就体现在掌控“心理斗争”的短短瞬间。

实战案例

2008 年 8 月 14 日下午，北京奥运会女子个人射箭决赛在奥林匹克公园射箭场拉开帷幕。中国女子射箭队员张娟娟力克韩国选手朴成贤获得冠军，这是中国射箭史上的第一枚奥运金牌。

中国女子射箭队自 1984 年参加奥运会以来，5 届奥运会共收获了 4 枚银牌，始终无法打破韩国人的垄断地位，未能实现金牌“零”的突破。在北京奥运会之前，韩国射箭队在奥运会上的成绩是 15

金 7 银 4 铜，在世界范围内无出其右者。而韩国女队的表现更是近乎疯狂，自 1984 年洛杉矶奥运会上首次亮相以来，韩国女选手赢得了其参加的所有个人赛和团体赛的奥运金牌，成就了“6 连冠”的辉煌战绩。在四年前的女团比赛中，正是朴成贤顶住巨大的压力，最后一箭射中 10 环，仅领先一环险胜中国女队。这一天，张娟娟终于弥补了她在雅典的遗憾，为中国射箭队摘掉了“千年老二”的帽子。

在 1/4 决赛和半决赛中，张娟娟表现非常出色，分别战胜了韩国的两员大将朱贤贞和世界纪录保持者尹玉姬。在决赛中，张娟娟凭借稳定的发挥，最终以一环的优势战胜对手。

“我把今天下午的三场比赛当作战斗去准备！”这是张娟娟为中国射箭队射落奥运第一金之后的感慨，“我为此准备得非常充分，冠军是靠一步一步脚踏实地争来的。”比赛时面对韩国“梦之队”，张娟娟坦言自己当时心理压力还是很大的，“自己想，我要一轮一轮地拼对手，要取得冠军必须战胜 6 个人，面对这 6 场比赛。感觉毕竟是奥运会，要珍惜每一支箭，珍惜每一次机会，所以打的过程中真的特别紧张。”

比赛的过程正如张娟娟所说，最后一箭如果是 9 环就是冠军，这就是对心理素质的考验，最终张娟娟顶住了压力。她说：“每当战胜一个韩国选手，她们的同伴信心就会减少一些。我就是抱着这样的信念去拼对手的心态。”

比赛时，赛场下了不小的雨，谈起比赛时的天气，张娟娟说：“天气对我来说很合适，我愿意有这种天气，我为此做了充分的准备。”她在赛后说：“今天能够取胜的原因，第一在于好的心态；第二在于天气，下着蒙蒙细雨，刮着微风，我就特别高兴。天越来越凉，我的手就会越来越热。”如果在正常情况下，跟“梦之队”韩国的比拼将很难取胜，毕竟韩国在团体赛中有着稳定的发挥，曾蝉联 6 届冠军。而在这种非正常的天气下，中国队却更有可能赢。张娟娟这次也是带着拼的心态，最后经受住了考验。

比赛时张娟娟第一箭打出 10 环，但第二箭仅是 7 环，后来她调整了心态，在后面的比赛中逐渐将失误弥补。“我暗自提醒自己，没有关系，从头再来。要全神贯注地盯住靶心，努力打好每一支箭。从团体赛夺冠失利后，我就放开了，只有一个念头，那就是拼，拼到哪儿算哪儿。”

张娟娟回忆这难忘的一天时说："那天下午估计是要过三个韩国队员的关口，我就刻意设想着一一把她们打败，然后自己登上了最高领奖台。如此一来，自己的信心增长了许多，特别是走到了最后的决赛，那种强烈的取胜欲望转化成一种难得的沉稳。中午两个小时的午休时间，其实也没有睡，就是在那儿想下午比赛的过程，我怎么去面对这三位选手，整个过程自己在脑中过了一遍，比赛场上的那种气氛，面对不同对手怎么去打，把整个过程想了一遍。"

心理分析

在大赛来临之际和进行之中，运动员都自觉或不自觉地对比赛有着某种心理定向。比赛心理定向指赛前和赛中的注意焦点，有时并不表现在运动员的语言里，而是隐藏在运动员的潜意识里，无时无刻不对运动员比赛的具体目标、比赛方案的制订及赛前心理准备等方面产生着影响。

对于射箭这样一个心理起关键作用的项目，虽然并无对手间的直接对抗，但一对一轮流发箭和分组进行的比赛形式，使运动员参赛的角色定位成了比赛心理调节的重要指导因素。尤其面对占据绝对优势地位的韩国强队，中国队员对自己、队友、对手之间的关系有着怎样的认识倾向，左右着她们对自己比赛表现正常与否的判断，影响着她们自身的自信心和比赛应变能力。

那么运动员应当如何摆正自己的位置，以达到参赛角色的合理定位呢？

第一，无论在即将开始的比赛中对手是谁，赛前都应对自己或全队的参赛角色进行重新定位。运动员的竞技状态始终处于动态发展之中，影响其比赛成绩的因素又是复杂多样的。在敌弱我强、敌强我弱及势均力敌三类情况对比中，运动员取胜的概率虽有所不同，但绝不会出现百分之百的概率。所以赛前角色定位均应以“夺、冲、追”为最佳。正是这种无所畏惧的“拼”的心态为张娟娟夺冠打下了基石。

第二，随着比赛进行中双方成绩的变化，运动员应本着必须“冲击”对手的原则及时调整比赛角色。

第三，明确比赛过程的关键性指标，并对这些过程指标保持必胜信心。不去关注比赛结果，而要关注比赛过程。张娟娟在整个比赛过程中表现得相当稳定，她事后说虽然对总成绩并不清楚，但每射一箭，对自己和对手的得分她都保持着比较清醒的状态。正是因为享受着自己坚定沉着发箭的每个动作，见证箭中靶的每一刻，张娟娟才能信心倍增，气势甚至压倒了身经百战的朴成贤。

心理定向决定着运动员的参赛状态。积极的心理定向是将注意放在比赛过程上，放在当前任务上，放在自我控制上，放在技术战术上。积极的心理定向会成为运动员努力奋发和平衡心态的动力来源。消极的心理定向则是将注意放在过去或未来的比赛结果上，放在与他人进行的比较上，这会成为运动员的额外负担，影响技术水平的发挥。

关于心理定向的问题，涉及“控制点”这一概念。在日常生活中，人们总是有意识或无意识地相信某些因素控制着他们的生活，这些因素便是他们的控制点。它们可能是外部的，也可能是内部的。对于成就高的人来说，其控制点往往是内部的，即倾向于认为运动成绩取决于他们能够控制的那些因素，如努力程度、技能水平、注意范围等。

运动员在训练和比赛中，一方面要将注意放在那些可控因素上，如技术战术、思维方式、期望、注意方向、唤醒水平、对失误的反应等；另一方面要能够有效应付那些不可控的因素，如天气、裁判、对手、场地、比赛时间等。在受到干扰的情况下，运动员要能够迅速地将注意转向可控因素。

张娟娟在比赛中的出色发挥和妥善应对是进行积极有效的心理定向的结果，印证了一个优秀运动员具有把握诸多比赛影响因素的能力。首先，雨天对于场外比赛项目来说无疑是最恶劣的影响。雨滴影响视线；弓、箭上的水改变了触觉感受，从而阻碍了运动员的专门化知觉；另外，面对天气的不可控制性，运动员也可能出现心理上的起伏不定，导致注意力无法集中。而张娟娟却似乎“遇水则发”，她将雨天当成了有利因素，还称这种天气最适合她，这种认知上的暗示与调整使她不但不受天气影响，反而渐入佳境。其次，现场观众的反应也是一个不可控的方面。由于这届奥运会在中国举行，与以前比赛相比，多了不少观众，再加上韩国队的超强阵容，使比赛越加激烈。张娟娟也表示她在第一组中射出的那一个 7 环多少受到了热情观众的影响。好在她迅速适应了比赛的气氛，充分利用了中国的“主场效应”，并在赛后感谢那些冒雨观赛的观众，说他们是她信心的主要来源，这又一次体现了大将风范。值得一提的是，与雅典奥运会相比，北京奥运会射箭的规则有所改变，原来是 18 箭 6 组，这次是 12 箭 4 组。当问到规则的变化会不会对最后的结果造成影响时，张娟娟回答说：“规则的改变是为了让更多的选手有机会，箭数越多对韩国选手越有利，减少了箭数对我们而言则机会更大。”如此看来，张娟娟似乎总能以一种积极的态度来对待内外可控或不可控的因素，不断发展和完善自己的控制能力，并以自己的一套有效排除干扰的特殊方法来确保比较稳定的比赛表现。

当然，张娟娟此次的成功，也与她赛前和赛中合理有效的认知调节是分不开的。比如她在赛后受访时提到的表象调节和暗示调节。总之，任何一块金牌都有它的必然性和偶然性。张娟娟的夺冠是个奇迹，但更是她多年来的坚持和努力换来的殊荣！

高调做事，低调做人

——陈若琳北京奥运会夺冠心理分析

张连成

完美的比赛结果是运动员、教练员甚至是社会各界所期盼的。但是，比赛前对结果的过分关注往往会将自己引入绝路。相反，淡化比赛的结果，就会把注意集中在日常的训练上，这将是运动员获得完美比赛结果的重要保证。“高调做事、低调做人”，这是一种人生哲学，更是运动员的一种境界。

实战案例

2008 年 8 月 21 日晚，北京奥运会跳水女子单人 10 米跳台决赛在国家游泳中心“水立方”进行。中国小将陈若琳凭借最后一跳破百的高分以总分 447.70 分逆转战局，战胜加拿大名将海曼斯获得冠军。这也是中国跳水队在悉尼和雅典奥运会接连丢掉金牌后，时隔 12 年重新获得该项目的金牌。加上之前陈若琳获得的双人 10 米跳台金牌，她成为奥运史上第一个囊括单人、双人两枚金牌的跳台选手。

与陈若琳相比，劳拉·威尔金森在具备动作优美、稳定性强等特点的同时，握有两个难度系数高达 3.4 的“撒手锏”。2003 年的世锦赛冠军加拿大选手海曼斯也威风不减。从当年的跳水世界杯墨西哥站开始，陈若琳和队友王鑫在连续 3 站比赛中，接连负于劳拉、伍立群等名将。可以说，在国外强敌虎视眈眈的情况下，陈若琳、王鑫要想圆梦绝非易事，对于她们来说，临场心态成为左右成败的关键。

根据比赛规定，半决赛成绩排名在前 12 位的选手倒序登场亮相。第一轮加拿大选手海曼斯第 9 个登场，第一跳就选择了难度系数高达 3.4 的 5253B，希望可以在决赛中先声夺人，从而给中国选手制造压力。她的这一个动作完成质量颇高，获得了 83.30 分。陈若琳第 12 个压轴亮相，与队友王鑫选用的是相同动作 107B，起跳、转体和入水均控制得恰到好处，其中 5 名裁判中有一人给出 10 分，这也是全场比赛第一次出现满分。最后总分达到了 85.50 分，首轮战罢，陈若琳暂居第一。

第二轮陈若琳动作为 407C，难度系数为 3.2，完成得非常出色，身体控制得也十分完美，只是入水时稍有瑕疵，得到了 84.80 分。

两轮战罢，陈若琳以 170.30 分继续位居榜首。

第三轮陈若琳所做的动作为 6243D，这个动作起跳高度、空中的翻腾和入水效果都极为理想，得到了 88.00 分的高分。本轮过后，陈若琳以 258.30 分继续位居榜首。

第四轮加拿大选手海曼斯选择了 307C，难度系数为 3.4，动作完成得十分完美，得到了 95.20 分的高分，拿到了本场比赛的第一个 90 分以上的分数，四轮总分达到 349.05 分。陈若琳本轮动作为 207C，难度系数为 3.3，起跳非常好，只是入水控制得稍显不足，裁判打出了 89.10 分，四轮总分达到 347.40 分。四轮过后，海曼斯反超陈若琳升至第一，陈若琳退居第二。

第五轮海曼斯最后一跳选择了 407C，难度系数为 3.2，海曼斯关键时刻沉着稳定，继续完美发挥，得到了 88.00 分，最终得分为 437.05 分。压轴出场的陈若琳最后一跳选择的动作为 5253B，难度系数为 3.4，面对必须要跳出 90 分以上才能夺冠的巨大压力，年轻的陈若琳以精彩的演绎令 4 个裁判给出了 10 分，用全场最高的 100.30 分完美收官。最后一轮逆转夺冠，不仅夺得了金牌，而且宣告陈若琳从心理上已经完全成熟。这足以让对手感觉到这个还不满 16 岁的小女孩，已经是世界跳台跳水当之无愧的新天后，之后她成为中国跳水队的领军人物。

心理分析

陈若琳在女子 10 米跳台决赛中的最后一跳，可以说是给全世界留下了深刻印象。究竟是什么让她的最后一跳发挥得那么完美呢？陈若琳说：“不要把比赛当成比赛，而是当成平时的训练，这样就更容易发挥自己的水平。”此外，还有记者问：“入水的那一刻，感觉美妙吗？”她说：“因为最后一跳之前我没有去关注海曼斯的分数，也没有计算我需要得多少分才能夺冠，我想那会给我压力，我只想尽力完成我的最后一跳，就像平时的训练一样。当我入水的那个瞬间，我感觉到，我拿到金牌了。”可见，平常心参赛，结果并不平常！

赛后，有记者问陈若琳金牌会不会改变她的生活，她说：“金牌不会改变什么，而且我要忘记自己是奥运会冠军，我的路还长。”记者问奥运冠军对她而言意味着什么。她说：“我没有想那么多。

我觉得，拿了奥运会冠军就是拿了，如果今后的训练中总想着自己是冠军，那就不会有进步了。”淡化甚至忘记自己是奥运会冠军，并不能等于自己不是奥运会冠军，而是一种低调的处事风格。在北京奥运会上，有许多运动员曾经是上一届雅典奥运会冠军和奖牌获得者，但是在比赛中由于种种原因而落败，未能成功卫冕，甚至连奖牌也失之交臂，还有的在预赛中就被淘汰出局。这就是竞技体育，这就是竞技体育魅力所在，只要有丝毫的懈怠，就有可能与奖牌无缘，与奥运会无缘！所以，荣誉只能代表过去，要想保持这份荣耀，只能忘记过去并坚持不懈地努力。

陈若琳 14 岁就成了世界冠军，可谓年少成名。少年成名后心态发生变化、自满导致训练水平下降的例子比比皆是。为了避免在陈若琳身上发生这种变化，陈若琳的爷爷不停地告诉陈若琳，也告诉媒体：“要低调一点。”

陈若琳的低调还表现在很多方面。在 2008 年 5 月举行跳水大奖赛南京站的比赛中，大家都注意到这么一个细节：当次比赛的招贴画上除了郭晶晶、吴敏霞等跳水名将，竟然没有陈若琳的身影。对此，陈爷爷解释说：“孩子太小了，成为世界冠军前和世界冠军后，心态方面总会有变化。本来广告上有她，但后面队伍里考虑到要低调一点，所以就把陈若琳的画换成了王鑫。”

低调处理，这一点同样体现在跳水队领队周继红身上。那几年，陈若琳在大大小小各种比赛中夺冠，周继红却从未表扬过她。陈若琳的奶奶说：“即使琳琳比得再好，就像这次南京的比赛一样，周继红领队都不会当面表扬，最多只会不点名地说，女子跳台这次比得不错。”对于跳水队的良苦用心，爷爷奶奶表示能理解，当时最关键的就是让陈若琳放下世界冠军的心态，轻松备战北京奥运会。

这些都是陈若琳低调做人的体现，那么她是如何做事的呢?

陈若琳在队里被称为“三最”队员，训练最刻苦、训练时间最长、训练量最大。而且随着年龄的增长，陈若琳身体开始发育，为了保持状态，她又是不吃晚饭，又是加大训练量，历尽了艰辛。这个姑娘为了控制体重，为了在北京奥运会上拿金牌，已经整整一年没有吃过晚饭。“其实习惯了就好，辛苦都没什么的，运动员肯定要认真训练嘛。至于当时减体重，的确很困难，但我想，就是为了保持身材吧，付出一点也没关系。到了吃饭的时间，别人都去食堂吃饭，我自己回房间。我会看电视，喜欢看湖南卫视。疲劳的时候我会选择听一些放松的音乐。如果还饿，那我索性就睡觉。”可见，这位姑娘在做事时竟是如此认真!

总之，陈若琳能取得优异的成绩不仅受到教练员和家人等外部力量的影响，同时良好的心态、低调的做人风格、持之以恒的训练态度等心理因素也在其成功的道路上起着不容忽视的作用。忘记自己是奥运会冠军，成绩只能代表过去，一切需要从头再来，从零开始，努力刻苦训练。只有保持这样的竞技状态，才有可能在今后的训练中得到更多的锻炼，提升自己。

瑜亮之争，心态决定成败

——林丹伦敦奥运会夺冠心理分析

朱晓磊

周瑜和诸葛亮都是英雄，都是高手，但英雄与英雄相遇，是一时对手，还是一世朋友？有时，人与人之间就像是流星一般，纵然是一瞬间的相遇，也会迸发出令人炫目的火花。在伦敦，林丹和马来西亚羽毛球运动员李宗伟的“瑜亮之争”，羽坛两大高手的巅峰对决，决定成败的不是技战术，而是心态！

实战案例

林丹的成长之路并非一帆风顺。1995 年，林丹首次夺得全国少儿羽毛球锦标赛男单的冠军。尽管是业余比赛，但林丹却非常高兴，因为他自我感觉会凭借这次比赛进入福建羽毛球队，那时候福建队是全锦赛男团七连冠得主，在国内羽坛名声显赫。但，结果未能如他所愿。最终进入八一队的林丹开始了全天训练的职业生涯。1998 年，第二届亚洲青年锦标赛在仰光举行，林丹入选了中国队参赛

阵容。在男单1/16决赛中，林丹败在了印度尼西亚选手拍下，输球后的林丹遭遇到所有教练员的批评，认为他场上缺乏斗志，打不过对手就想放弃。赛事落幕后，林丹就被国家青年队开除出队了。

被国家青年队开除让他大梦初醒，自从这次变故以后，林丹在训练上更加认真，也开始懂得什么叫真正的敬业，比赛不是自我感觉不好就可以随随便便输掉的。林丹的转变教练员都看在眼里，三个月后，他重新回到国家青年队。再次踏入国家青年队的林丹倍加珍惜这次机会，此后他进入国家队，并逐渐成长为中国羽毛球队的一号男单。

伦敦奥运会羽毛球男单决赛，由于和对手、马来西亚名将李宗伟实力相当，比赛开始林丹如履薄冰，首盘上来，林丹的失误过多，给李宗伟制造了不少机会，很快便以15∶21落败。不过，比赛中有个细节不得不提，即使在落后时，即使面对一些略有争议的球，林丹都坦然处之，有时候还会用微笑去面对。“第一局顺风场地，我打得不是很积极，但宗伟打得非常好，第二局到了逆风场地，我告诉自己一定要更积极一些，这才赢得了最终的机会。”接下来的两局，林丹没有再给对手任何机会，21∶10、21∶19，连下两局后，林丹如愿成为历史上第一个在奥运会羽毛球男单项目上蝉联冠军的运动员。他那标志性的军礼、顽强拼搏的品质再次印刻在人们的心中。

赛后，林丹接受了电视栏目《奥运风云会》的采访。

主持人：是不是没有经历过这个比赛过程，很难有心理上强势的东西？

林丹：我觉得，当然也像您说的，也许你是今年公认状态最好的，或者是最鼎盛的时候，或者是最强的运动员，但未必在一年中最重要的比赛里你就都能像大家预想的一样拿下。越是最好的时候也越是你最危险的时候。因为你总觉得你状态很好，所以你不知道什么时候会出现一些意想不到的东西。反而状态不好的时候你会觉得：我只能去拼了！很多困难对我来讲就会变得正常。比如，我脚不好，或者赛前感冒了，你会觉得这个比赛不好打很正常，反而心态会好一点。

主持人：美国的《新闻周刊》列出了十位在本次奥运会中最需要关注的运动员，其中包括你。作为一个达到这个项目巨星级别的运动员，在某些竞技层面或者是心理层面，会有一种孤单的感觉吗？

林丹：没有，其实我觉得在思想和心态上面，会意识到困难越来越多，越来越大。失败发生在我和发生在其他人身上会有一个不同的结果。所以我必须让自己的内心更加强大起来。无论最终结果是好的还是不好的，我都要坦然接受。

主持人：李娜在自己的自传中说，在一万人的赛场中，真正比赛起来，你只有靠自己，你没有任何办法。这份独自上场的感觉你也同样有吧。

林丹：我觉得这是因为我们都是单项运动员，不像双打的时候可以互相沟通，互相鼓励，互相带动。单打，你必须要独自面对。有的时候经历短暂的几个比分你会想退出，或者会软弱。但比赛没有结束，所有人在看，你的教练员在看，你的对手在看，所以你必须再次调整自己。

……

主持人：你在生活当中也遇到烦恼，也有脆弱，也会有大大小小的麻烦，也有人成长中的苦恼。拿到这个奥运会金牌是解决这些问题最好的一个契机吗？

林丹：我觉得不是的。我不会只看重金牌的表面。因为我觉得过程更重要、更容易感染人。比如，我的球迷会为我激动、高兴，不是因为我拿下这场比赛，而是我比赛的行动和行为感染了他们。他们会觉得，快到30岁的林丹并没有放弃，还在追求自己想要的东西，依然在全力以赴。我觉得，这也是我下一个阶段想要表达的东西，就是我们不想太看重最终结果。

心理分析

林丹的外号从“林一轮”到“超级丹”，从第一轮就被淘汰到后来的大满贯，他的表现、成就无不让人刮目相看。他的成长来自他的艰苦努力，他的成绩体现了其心态的转变。正确的比赛定位，激发了林丹的斗志，有效地提高了其训练水平和比赛成绩。试问，如果林丹对待比赛、对待金牌的方式有误，他能够在被动的情况下，耐心坚持，最终反超对手吗？答案是否定的。

当面对争议球的判罚时，林丹能一笑而过，坦然面对；当男单决赛第一局因急躁失误时，林丹能积极调整自己的情绪状态；在决胜局比分落后的情况下，林丹能保持思路的清晰，打出气势，把握住机会。良好的赛前比赛定位与准备，重视比赛的过程而非结果，让林丹没有思想上的包袱，反而能更好地享受比赛，尽情发挥。坚持到底的意志品质，让林丹永不放弃，在面对困难的时候能迎难而上。最终，林丹充分地发挥了自己的技战术水平，战胜了对手，成为这场“瑜亮之争”的赢家。

08

八、意志品质

不经一番寒彻骨，怎得梅花扑鼻香

——冼东妹、曹忠荣、杨秀丽、叶诗文奥运会夺冠心理分析

张连成、罗霄骁、葛杨

竞技运动给观众带来的是力量与美的享受，给运动员带来的却是严酷的考验。每一段传奇背后都有一段充满血泪和汗水的奋斗史，无论是2008年的北京奥运会，还是2012年的伦敦奥运会，都隐藏着许多不为人知的辛酸。赛场下无数个日日夜夜的艰苦训练，凝结成了赛场上短短几分钟的卓越表现。在这漫长而艰难的坚持中，没有任何一次成功是轻而易举的。有志者，事竟成，胜利往往属于坚持到最后一刻的选手——不是看到了希望才去坚持，而是坚持了才能看到希望。

实战案例

“在激烈的奥运赛场赢得金牌，在训练上要历经无数的艰难险阻，在生活上要付出巨大的代价。冼东妹作为妈妈运动员，在国家需要她的时候毅然决然复出，遭受的不仅是训练上的皮肉之苦，更有思念女儿的心灵煎熬。我也是一个有女儿的人，我最理解她作为

母亲的这种思念之情，这可不是一般人能够想象的。冼东妹的这种优秀品质感天动地，她创造了世界柔道运动的奇迹。”

这是在北京奥运会上国家举重摔跤柔道运动管理中心主任马文广对冼东妹的评价。2008 年 8 月 10 日，北京奥运会女子柔道 52 公斤级决赛中，我国广东选手、雅典奥运会冠军冼东妹战胜了朝鲜选手安琴爱，卫冕成功，成为我国柔道项目首位在奥运会上蝉联冠军的选手，也是奥运会柔道比赛有史以来第二位成功卫冕的运动员。

复出之路充满艰辛，刚为人母的冼东妹面临着从一个产妇向一名奥运选手的艰难转变，恢复大运动量训练成为她最大的困难。另外，冼东妹的左腿还曾受过重伤，左膝十字韧带曾经断裂，同时左膝仍有三枚钢钉用以固定髌骨。而这一切，她都咬牙坚持了下来。19 年的柔道生涯，5 次退役、5 次复出，每一次退役、每一次复出都经历着艰难的心理抉择。第 8 届全运会上带着打入左膝的 3 枚钢

钉夺金、第9届全运会卫冕成功后被医生下了比赛“禁令”、为备战雅典奥运会推迟婚礼一年、忍痛别离仅3个多月的女儿备战北京奥运会……冼东妹经历了常人难以想象的艰辛，北京奥运会柔道馆内，33岁“高龄”的她又一次给我们带来了惊喜，也让全世界见证了一位母亲身上刚强的力量。

成功没有任何秘诀，有的只是付出、苦练、坚持到底。无独有偶，在伦敦奥运会上，我国31岁“高龄”的现代五项选手曹忠荣也用他的坚持和不服输的精神为中国现代五项实现了历史性突破，夺得了一枚宝贵的银牌。在这个国内乏人喝彩的项目中，中国队的最好成绩是北京奥运会上的男子第 4 名和女子第 5 名，而当时，曹忠荣排在 32 名参赛选手中的第 30 位。四年后，当年并肩作战的队友早已退役，而曹忠荣还在坚持。9 分 59 秒 20 的成绩，仅仅输给冠军斯沃博达不到 7 秒。虽然是枚银牌，但其分量却丝毫不逊于任何一枚金牌。

别的项目一般是练一项，但现代五项却要练五项，哪项弱了都不可能成为世界级的选手。曹忠荣每天都从清晨6点开始练习射击、马术。练到最后一项跑步时，往往已经是夜幕降临。他自嘲自己的训练是“从鸡叫练到鬼叫”。“确实很苦，有时候一天练下来连洗澡的力气都没有。但是我始终没有后悔过，哪怕没有获得金牌，也不会动摇我对这项运动的热爱。现代五项已经融入我的血液中了。”正是这种坚持，才使曹忠荣最终实现突破并站上了伦敦奥运会的领奖台。

然而，坚持并不仅仅表现在场下无数个日日夜夜的埋头苦练中，对运动员而言，比赛场上即使是短短几分钟，往往也需要漫长而艰难的坚持。这样的艰辛，常人难以想象。在比赛的最后关头，能够咬紧牙关坚持到底是运动员的可贵品质，更是他们获得胜利的保证。在北京奥运会女子柔道 78 公斤级决赛中，面部受伤的杨秀丽凭借着坚强的意志力在加时赛中获胜，她用实际行动诠释了“坚持到底就是胜利”。这是 2008 年 8 月 14 日进行的一场漫长而惊心动魄的决赛，比赛中，杨秀丽的面部被对手的头部撞到了，顿时眼角出现了一个深红的痕迹，并且高高肿起了一块。“眼角受伤也要坚持，关键场次必须得坚持下来，必须拿到这块金牌！”疼痛加上体力的耗尽，豆大的汗珠一滴滴滑落，模糊了杨秀丽的视线，可是她不敢有丝毫放松。凭借超人的毅力，在加时 5 分钟的严酷比赛中，杨秀丽坚持到了最后，凭借比赛中的积极主动，赢得了一枚宝贵的金牌。

杨秀丽的决赛是一场万分艰难的比赛，需要极大的毅力才能坚持下来。那么伦敦奥运会游泳冠军叶诗文的“轻松”取胜就不需要坚持吗？叶诗文告诉我们：绝对不是。看似轻而易举的夺冠，其中

却充满了许多不为人知的努力。“400 米混合泳是游泳所有项目里面最艰苦的，可能比 1500 米自由泳都要累，连菲尔普斯都怕 400 米混合泳。”叶诗文的教练员徐国义这样说。正是这样一个“菲鱼”都畏惧三分的项目，叶诗文坚持了下来。2012 年 7 月 29 日，她夺得了伦敦奥运会女子 400 米混合泳冠军。有人说，叶诗文这场比赛赢得轻松，比第二名快了近 3 秒；更多的人还说，叶诗文真是个游泳天才！殊不知，这场胜利的背后有着多么艰难的坚持，“天才”的夺冠又是多么的辛苦！“比赛过程当中真的是心理斗争很大。”“400 混真的是一个太累的项目，真的很难坚持。”“游到蝶泳的时候觉得真的好累，我感觉我真的坚持不住了，我真的好想放弃啊！然后游到蛙泳，看到希望了，我又想不能放、不能放，一定要拼！”只有真正看过比赛全程，听过叶诗文的心声，才能了解这看似轻松的胜利其实并不“轻松”。叶诗文在访谈中多次提到比赛过程“很累”“想放弃”，更多次提到了“坚持”，可见她经历了多么激励的思想斗争，经历了多么“短暂而又漫长”的坚持，这枚金牌是多么来之不易。

心理分析

心理学上把意志定义为人自觉地确定目的并支配行动、克服困难、实现目的的心理过程，即人的思维过程见之于行动的心理过程。

优良的意志品质表现为以下几个方面：

①独立性：一个人不屈服于周围人的压力，不随波逐流，而能根据自己的认识与信念，独立地采取决定，执行决定；

②果断性：表现为有能力及时采取有充分根据的决定，并在深思熟虑的基础上去实现这些决定；

③坚定性：即顽强性，表现为长时间坚信自己决定的合理性，并坚持不懈地为执行决定而努力，在困难面前不退缩，在诱惑面前不动摇；

④自制力：善于掌握和支配自己行动的能力。

上述提到的4位运动员，无一不具有超强的意志力与优良的意志品质。他们在艰苦的训练中坚持了下来，在严酷的比赛中坚持了下来，最终取得了人生的辉煌。

为提高运动员的意志力，培养优良的意志品质，我们建议运动员：

第一，树立高尚的理想，确立恰当的目标。理想是一个人的精神支柱，一个人要有所成就，首先要立志。确定了奋斗方向，就会产生一种积极向上的动力，激励他不懈地努力。目标越明确，理想越高尚，决心越大，意志就表现得越坚强。

第二，参与社会的实践，坚持从小事做起。意志品质是人们在长期的社会实践与社会生活中形成的较为稳定的心理素质，它在人们调动自身力量去克服困难和挫折的实践中体现出来。从日常生活小事到艰苦、重大的比赛都是磨炼意志的机会。

第三，要有吃苦的准备，发扬坚持的精神。《孟子》里有一段流传千古的名言："故天将降大任于是人也，必先苦其心智，劳其筋骨，饿其体肤，空乏其身，行拂乱其所为，所以动心忍性，曾益其所不能。"它告诉我们成就大事的过程就是磨炼意志的过程，也就是吃苦耐劳、坚忍艰苦的过程。劳苦不仅是身体上的，更是精神上的。

第四，保持浓厚的兴趣，喜欢所从事的事业。只有从事自己喜欢的事情，才会愿意坚持下去，才会愿意为此付出巨大的牺牲，以换来最后的成功。因此，要保持浓厚的兴趣，喜欢自己从事的运动。

第五，思想上明确意志的重要性。任何意志的行为都需通过认知这一中介环节来调节。对意志的重要性认识得越清楚，则锻炼、培养意志品质的自觉性、积极性越高。

第六，合理预期困难与结果。不要过分夸大潜在的威胁和失败。对困难和结果进行合理预期，能够激发自己战胜困难的勇气和斗志，从而磨炼自己的意志。

拼体力也要拼头脑

——徐莉佳伦敦奥运会夺冠心理分析

王彬彬

奥运会不仅给许多功成名就的体育明星提供了雕铸历史的舞台，也给大量新生代运动员提供了展示自我的机会。在这些新人中，有的运动员感受到奥运大赛浓厚的体育气息，有的则在奥运的历史纪念册上刻下了自己的名字。无论这些年轻运动员来自哪个国家，无论背景如何，他们的精彩表现将会被奥运会永远铭记。

实战案例

2012 年 8 月 6 日，伦敦奥运会帆船帆板比赛，在女子激光雷迪尔级的金牌争夺比赛中，中国队的徐莉佳一路领先以 30 分 19 秒率先撞线，最终以总分 35 分获得该项目的金牌，这也是中国代表团在伦敦奥运会上的第 31 枚金牌。

这是一枚让阿根廷帆船协会主席巴勃罗·马塞罗尼流泪的金牌，这是一枚让著名媒体英国广播公司感兴趣的亚洲帆船史上的首枚奥

运金牌。徐莉佳的夺冠在帆船大国英国乃至欧洲产生了始料未及的轰动。

一提到帆船运动员，人们自然联想到的是怒海争锋般的剽悍，赛场下的徐莉佳却并不像人们想象的那样，她是一个温文尔雅、才气横溢的上海女孩。并且，她的成功和她本人的素质是密切相关的。多数人在接受采访时，提到徐莉佳的比赛都表示："她的比赛只能用'wonderful（很好）''powerful（有力）''perfect（完美）''没有任何争议'这些词汇来形容。"

徐莉佳表示："在比赛中，我最依赖的是清醒的头脑。"

徐莉佳最初接触帆船的原因有些意外，在学习帆船之前，她并不知道海航是什么。她经常说："我赢在不能只和她们拼体力，还要拼头脑。”

徐莉佳的英语水平很高，可以自己用英语写博客，可以独立接受国外电视台的采访。她学习外语的最初目的是与国外高水平选手更好地进行交流。因此，她牺牲了所有的业余时间，自己掏钱报班学习，英语达到一定水平之后，她迅速和国外的朋友建立了网络联系，在比赛和训练中遇到问题，她会第一时间和朋友进行交流。她的教练员表示：“这样的运动员，在中国是不多见的。”

“只要是和帆船有关的英文书我都买了，这作用一时间可能看不出来，但对我规划自己的职业生涯却有着重要作用，它们能给予我很好的教育。每一本书都要两三百块钱，总共花了我好几千。”徐莉佳笑着说，“我没有和妈妈说价格的事，她知道了要心疼死。”英文水平提高，徐莉佳又开始学习古文，“通过和领队、队医相处，我发现自己的文学功底实在太差，讲不出很好的中文，总觉得自己在解释什么东西的时候词穷。”

徐莉佳的爱学习和高素质是出了名的，她的队医这样评价她：“她很有自己的想法，她的专业程度体现在饮食等各个方面，平时训练该吃什么，比赛开始和中间吃什么她都心中有数。”

徐莉佳的成就不仅因为她个人的高素质，还来自团队的保障。但伦敦奥运会之前她的教练员说道：“徐莉佳这个奥运周期状态并不好。”的确，很长一段时间内，徐莉佳因为伤病无法参加训练，恢复训练之后又因强度太猛，练一天甚至需要三天来恢复，这让这个坚强的姑娘一度萌生退意。

“一个篱笆三个桩，一个好汉三个帮”，徐莉佳后来在团队的帮助下摆脱伤病、恢复斗志、走向成功。领队在她伤病期间给了她很多帮助和鼓励，徐莉佳对此评价说："他的帮助很有用，开阔了我看问题的视野。"徐莉佳的背后团队是在2009年12月组建起来的，其中外教于2011年7月加盟，还包括厨师和队医。此外，上海水上中心也给了她很大的支持，可以说，这是一个团队的胜利。

心理分析

对于徐莉佳来说，在奥运会上取得冠军是她人生的一大突破。她的成功与她过人的心理素质和心理能力是密不可分的，而她过人的心理状态首先要归功于她自身的高素质。

可以说，任何人天生都不会懂得什么是坚强和拼搏，徐莉佳也不例外。她本身是一个非常文静和柔弱的女孩，从某种程度上说，是帆船运动带给了她动力，让她学会了坚强和拼搏。徐莉佳在练习帆船的过程中不断地学习各种知识，丰富自己的思想和能力，这为她在伦敦奥运会上夺冠打下了基础。

同时，她的成功与身后团队的努力密不可分。领队的关怀、厨师的悉心照料、队医的呵护，给这位奥运冠军提供了安心训练的基础。这就是为什么现在心理学家们都在大力强调团队合作对个人表现的积极作用。

拼搏，在竞技体育中是一个永恒的话题。这个话题可以用来诠释徐莉佳的表现。不为人知的是，她的父亲透露，徐莉佳患有先天性听力和视力缺陷。这些缺陷需要她在生活和学习中付出比常人更多的努力。在接触了帆船后，这些缺陷并没有阻挡徐莉佳前进的脚步，相反，她用拼搏的精神告诉我们，什么才算是真正的奥运精神。

09

九、团队凝聚力

和队友们在一起就有了希望

——中国赛艇队女子四人双桨北京奥运会夺冠心理分析

李爱谦

1988 年中国赛艇队首次参加奥运会，先是在女子四人单桨有舵手项目中取得银牌突破，在女子八人单桨有舵手项目中获得铜牌；之后的 1992 年巴塞罗那奥运会，中国队又在女子双人双桨中获得铜牌；1996 年的亚特兰大奥运会，中国队又在女子双人双桨项目上获得一枚银牌。不过，自那以后，中国赛艇队经历了尴尬的“奖牌荒”，在几届奥运会上颗粒无收。2008 年北京奥运会主场作战，中国赛艇军团最大的愿望就是在比赛中拿到一枚金牌。而这次创造历史的正是唐宾、金紫薇、奚爱华和张杨杨，她们在女子四人双桨项目上的成功正体现了“兄弟齐心，其利断金”这句谚语的深刻含义——正是在关键时刻所表现出来的团队凝聚力，帮助她们实现了心中的梦想。

实战案例

2008 年 8 月 17 日，北京奥运会赛艇比赛的最后一天，被寄予厚望的中国赛艇队在此前的表现并不尽人意。在第一天的比赛里，中国军团就出师不利，男子单人双桨选手张亮因为“记错比赛时间”而错过预赛，导致他和苏辉搭档的男子双人双桨比赛资格也被取消。而被认为夺金希望最大的女子双人双桨选手李勤和田靓也折戟沉沙，只获得第四名。所以，8 月 17 日，唐宾、金紫薇、奚爱华和张杨杨四人参加的女子四人双桨决赛也就成了中国赛艇队突破“零”金的最后机会，这四人面临着巨大的压力。

中国的这四位姑娘在预赛中以小组第一的身份晋级决赛。共有

来自六个国家的六支艇参加了最后的决赛。按照赛道顺序，分别是澳大利亚、德国、英国、中国、美国和乌克兰。中国队出发不错，500 米过后处在第三的位置。第 3 赛道的英国组合一直遥遥领先，始终占据第一，而中国队则一直稳步前进。就当人们以为这枚金牌会被英国队收入囊中的时候，最后的 500 米，中国队的姑娘们发起了猛烈的冲刺，最后时刻惊险超越了英国组合，第一个冲过了终点！这突如其来的变化令英国队有些意想不到，最终她们以 1 秒 31 的微弱差距获得银牌，德国队获第三。

在赛后的采访中，四位姑娘显得兴奋又激动。金紫薇激动地说："能为中国赛艇队取得历史性的突破，我们感到非常骄傲和自豪。"奚爱华更是激动地流下了眼泪，"赛艇项目从来都是欧洲人的强项，今天我们证明了，中国人也能做到！"当五星红旗在空中高高飘扬的时候，唐宾说："我很想感谢我的教练员和队友，跟我一起努力了 3 年，才拿到了这枚宝贵的金牌。"

心理分析

"我们只有一个目标，那就是奥运金牌；只有一个信念，就是以我为中心，发挥自己的水平，因为我们是一个不可分割的团队。"在赛后的新闻发布会上，领桨手张杨杨这样说。四名姑娘都不约而同地提起了其他三名队友。"因为我们彼此信任，所以胜利属于我们！""落后时，我相信她们！""没有她们三个，就不可能拿到金牌！""感谢支持我们的人，尤其是我的队友们！"在短短十几分钟的发布会上，姑娘们口中不断提到的是"信任"和"队友"，正

是在落后时四人间彼此的信任与默契，帮助她们完成了反超。

“你们在比赛中面对一些情况时怎样去交流？”赛后，面对这样的问题，唐宾回答说：“比赛中，我们不需要交流，更多的是感受，因为我们在平时训练中已经达成了一种默契。”不过，对于四人现在形成的这种配合，唐宾在赛前接受采访时也道出了其形成的艰辛。“刚开始时，我们四个也经常合不到一起去，在技术上，每个人的理解常常会不一样。”对于之前四人的分歧，唐宾笑着说，“不过，好的时候还是比较多的。”她告诉记者，如果四人有不愉快的事情，一般都会在水上说，而且说完了就没事了。“有时也觉得挺枯燥，但和队友们一起就有了希望，也就不那么孤单了。”唐宾说。

唐宾、金紫薇、奚爱华和张杨杨在平日的训练里积累形成的默契与信任，构筑了四人之间的团队凝聚力，这可以从她们四人的话语和成绩中体现出来。在这个四人团体中，她们将目标整合，每个人的目标都协调一致。她们性格直爽，有什么说什么，因此她们之间没有什么隔阂。她们和睦相处，相互信任，彼此凝聚成了一个强有力的整体，这也就不难理解为什么她们能够在巨大的压力面前反败为胜。

十、平常心

奥运会对我来说就是一次特训

——林清峰、吕小军伦敦奥运会夺冠心理分析

孙国晓

2012年伦敦奥运会举重赛场，来自中国男子举重队的两位战士上演了一段以平常心对待不平常事的故事。

实战案例

伦敦奥运会上，接连丢掉两枚传统优势级别的金牌，让中国男子举重队承受着沉重的压力。2012年7月31日，小将林清峰顶住压力，把握住了夺金机会，完成绝地反击，为中国男子举重队夺得了伦敦奥运会的首枚金牌。

赛前林清峰也背负着巨大的压力，赛后他说："其实我的压力也不轻啊。我们丢了两块阵地，我的这块阵地绝对不能丢了。"但林清峰顶住了压力，终于，在伦敦奥运会男子举重69公斤级比赛中，以总成绩344公斤（抓举157公斤、挺举187公斤）夺得冠军。中国男子举重队总教练陈文斌在夺金的一刹那跳上举重台与爱徒相拥

在一起，两人同时流出了激动的泪水。

赛后接受采访时，林清峰表示："就是为中国举重复仇，中国举重的霸主地位不能撼动。"林清峰是首次参加奥运会，记者问他对比赛的紧张气氛适应吗？林清峰答："我就当作是训练吧，因为训练水平就能拿冠军。不要给自己背包袱，前面两个男举丢了，给我的压力很大，我必须守住这块69公斤的阵地，我今天是来复仇的。但是如果你把它看成奥运会，就会增加很多压力，如果当成是一堂训练课，那就真的没问题。"

赛后林清峰被邀请到了张斌主持的《奥运风云会》演播室，他说："我在比赛前一天晚上很紧张，自己在房间里胡思乱想，因为之前的两个队友都是被黑马吓到了，我也担心会突然冒出黑马，害怕自己表现不好丢掉金牌，让教练失望。"但是，他想了一个晚上想通了。

他告诉自己："担心那么多，只能增加包袱，只要尽我本能发挥出水平，没有人会怪我。"

林清峰谈到自己赛前并不被十分看好，因为自己发挥不稳定，这块金牌有些不确定，会有人认为他缺乏大赛经验："但我自己不这么认为，奥运会对我来说就是一次特训，我把它当成训练，我上去的时候只有杠铃杆、举重台。我看不到任何东西，听不到任何东西，我上去，就我跟杠铃。"

心理分析

奥运冠军也是普通人，在如此大的压力面前，林清峰也会紧张，也会胡思乱想，但是可喜的是，关键时刻他想通了："我看不到任何东西，听不到任何东西，我上去，就我跟杠铃。"

我们可以去推想林清峰说的"任何东西"是指什么，领导、教练员、队友、家人的期待？鲜花、掌声？抑或批评、责难？都有可能。

运动员参加奥运会，已经不再只是单纯代表自己去参赛了，在任何国家都是如此，他们身后背负了太多东西，就是这些巨大的包袱让无数运动员与梦想失之交臂，令人惋惜。但是我们也能看到，仍有一些优秀运动员在重压之下却将奥林匹克精神演绎得淋漓尽致。林清峰就是这样一位运动员，在中国男举连丢两块阵地的形势下，他顶住压力，绝地反击，为中国男举夺得首枚金牌。

那么，是什么让林清峰在巨大的压力面前还能如此稳定地发挥呢？"奥运会对我来说就是一次特训，我把它当成训练，我上去的时候只有杠铃杆、举重台。"林清峰把举世瞩目的奥运会当成一次训练，他绝对不是在开玩笑，正是这样豁达的态度，正是这种把比赛当成训练的平常心，才让他在关键时刻稳定心态，正常发挥。

同林清峰一样以平常心对待奥运会的还有另一位举重运动员，他就是伦敦奥运会上夺得男子举重77公斤级冠军的吕小军。

2012年8月1日，伦敦奥运会举重男子77公斤级的比赛中，中国选手吕小军以379公斤的总成绩夺金，并打破抓举和总成绩两项世界纪录。和吕小军并称为中国男举77公斤级“双保险”的银牌获得者陆浩杰赛后说：“今天吕小军的表现非常完美！他以超过世界纪录的成绩拿下的这块金牌，分量很重。”

在抓举比赛中，吕小军顺利举起170公斤，在第二次试举中，他又轻松举起175公斤，打破了由自己保持的抓举世界纪录。因裁判之间的沟通出了问题，他没能进行第三次抓举。

挺举比赛中，前两把吕小军分别成功举起190公斤和195公斤。最后一把，吕小军冲击204公斤时显得有些吃力，但最终还是成功将杠铃挺了起来。他抓起杠铃，下蹲挺，稍微晃了晃，然后一提腰，杠铃稳稳地举过头顶，新的世界纪录产生了！吕小军说:“当时我心中只想必须要拿下，结果一使劲儿就拿下来了。”

赛后，吕小军接受了《奥运风云会》的邀请，主持人问道:“面对举重这么高的关注度，你是怎样的一种状态？”

吕小军：“我必须放开了，一把一把地举起来，（至于）拿不拿得下，我自己的水平发挥出来就没问题了。”

主持人：“很多人说，奥运会你要轻松对待它，别把它想得太复杂，你真把它当成训练，当成测试赛，可能就好了，这心情真是这样吗？”

吕小军：“不要去想它，平常心对待，就还是一样。”

“不要去想它，平常心对待，就还是一样。”吕小军的一番话同样道出了平常心在他这次比赛中的重要性。我们常说保持一颗平常心，在林清峰、吕小军这里，平常心可以理解为把重大比赛当作平常的一次训练课。唯有把奥运会当成一次训练，林清峰才能“上去的时候只有杠铃杆、举重台”；唯有把奥运会当成一次训练，吕小军也才能“放开了，一把一把地举起来”。

“不以物喜，不以己悲”“以平常心待不平常事”，说起来容易，做起来太难。名利皆你我所欲，在残酷的胜负世界中，做到“宠辱不惊”谈何容易？但也正是这样的淡定让林清峰、吕小军最终站到了最高领奖台。

不思好，不思坏，平常心

——董栋伦敦奥运会夺冠心理分析

吴颖

奥运赛场，强手如云，选手们真正在技战术上的差别又能有多大呢？能否在关键时刻超水平发挥，能否在逆境中保持情绪稳定，能否始终保持头脑清醒、心静如水，这都取决于强大的精神和心理支撑。因此，要真正成为王中之王，心态是关键！奥运冠军董栋在比赛结束后说“不思好，不思坏，平常心”，在高手对决之时，“平常心”往往是制胜的法宝，那怎样才能保持平常心呢？

实战案例

2012年8月3日，中国蹦床队运动员董栋凭借一套高难度动作的完美表演，在历经了四年的“卧薪尝胆”后，终于如愿以偿地在伦敦获得奥运冠军,并成就了中国蹦床队男子运动员的第一个“大满贯”。同样是在奥运赛场上，四年前，19岁的董栋，尽管已具备了夺金的实力，却因为在比赛中过度紧张而影响发挥，最终只遗憾

获得一枚铜牌。四年后，更加成熟、更加稳定的他再度出征，为所有观众上演了一场“王者归来”的精彩好戏。

在北京奥运会之后的四年中，董栋将世锦赛、世界杯总决赛、亚运会和全运会的金牌统统拿下，这就意味着只差奥运会一金，他就能实现“大满贯”。比赛中，董栋最大的竞争对手或许正是自己的队友、2008年北京奥运会冠军陆春龙，而董栋和陆春龙也被外界称为该项目中国队的“双保险”。然而情况却有所变化，在两轮预赛后董栋排在第一，半路杀出的黑马、俄罗斯的乌萨科夫凭借其出色发挥排在第二，陆春龙仅列第三。这或许是董栋自己都没有料到的，预赛第一使他在决赛中将最后一个出场。决赛开始了，倒数第三个出场的陆春龙发挥稳定，最终获得61.319的高分。这样的成绩已经非常不错了，现场观众报以热烈掌声。倒数第二个出场的乌萨科夫顶住压力，使用与陆春龙同等难度的成套动作，超水平发挥，凭借26.524的完成分实现完美超越，以总分61.769暂列第一。这令所有人始料未及，在决赛中乌萨科夫还能有如此超水平的发挥，并超越了陆春龙。最紧张的时刻到来了，轮到最后一个出场的董栋上场，唯有超越乌萨科夫，中国队才能实现该项目的卫冕。可想而知，此时的董栋背负着多大的压力。只见董栋表情从容，在教练员的陪同下出场了，仍然是起跳前的那一系列准备活动，动作表象、压伸胳膊、试跳，他没有一点儿慌张，如同平时训练一样地上场了。

赛后董栋说:“最后出场的确压力很大，我有很多次这样的经验，我也知道奥运会最后一个出场压力更大，我只能够以平常心对待。”看来磨砺出来的平常心真正帮助到了他，按照他自己比赛的一般习惯，当时他并没有关注对手的分数，只是看到了陆春龙和俄罗斯选手表现都很好，尽管如此，他仍然感到自己非常平静，正如他自己所说的“从预赛到决赛心态都很平和”。董栋和教练员其实准备了两套难度分别为 17.1 和 17.8 的动作，预赛为保稳使用了 17.1，而决赛前他还在和教练员商讨是否用大难度，教练员让他自己凭感觉决定。此时乌萨科夫的出色表现让董栋毫不犹豫地选择了 17.8，因为只有上难度才能稳稳保住这个冠军。赛后董栋说：“因为预赛时我就发现，今天选手都发挥得很棒。如果决赛不上难度赢的可能性很小。”记者又追问：“前面的对手发挥很好，你对他们有关注吗？最后一个出场，应该压力很大吧？当时你有什么其他的想法吗？”他说：“其实没有过多关注过他们的分数，我只看了他们做的动作，凭我平时对他们的了解，觉得确实陆春龙和乌萨科夫包括之前的运动员做得都不错，我只是在那个时候做自己该做的事情，我觉得把自己做好了，一切就会顺理成章。对于我来说，我没有想那么多。

如果我想得多了，不关注自己的动作和自己的比赛，我可能就不会有这样的发挥。”带着一颗平常心，带着17.8的最高难度，董栋完成了一次自我实现。稳定的动作，完美的跳跃，最后董栋像钉子一样稳稳地停在蹦床上，那一刻他高举双臂大吼一声，仿佛预示着这枚金牌已收入囊中。得分很快出来了，完成分27.1，高度分18.09，董栋以62.99的超高分实现了中国蹦床队的卫冕，这一刻他和教练员紧紧拥抱，泪水也夺眶而出……“我觉得这一次我真正享受到了奥运会，在完成动作的一刹那享受到了。四年前迟迟没有到来的爆发，今天终于爆发了”。

比赛结束后，董栋接受了专访，在访谈的过程中，他不仅对此次比赛中的状态做了描述，也为大家回顾了2008年奥运会的比赛。从他的访谈中可以看到，2008年到2012年是董栋成长并成熟的过程，除了技术上的成熟，更多的是心态上的成熟，他能取得今天的成绩，完全是实力加心态，而他将从容的心态归结于自己的种种经历。

访谈一开始董栋就不忘对大家表示感谢：“今天能取得冠军真的很开心，确实有很多支持、帮助我的人，特别是我的教练蔡光亮，在他们的帮助下，我才能有幸登上今天的舞台，这对我真的是最大的鼓励。”

记者：从你比赛的录像可以看到，登上领奖台的那一瞬间有一种发自内心呐喊的感觉啊，这一气儿就上去了。确实四年特别不容易，或许你没有想到俄罗斯的选手突然发挥不错就上来了，四年的努力就在这最后一刻了，你的最后一跳显得是那么关键，那个时候你对于这最后一跳有什么样的感觉呢？觉得就是平常的一跳，还是感觉特别不一样，有没有觉得心跳就快到100下了？

董栋：我觉得当时的那一刻，我是一个平常的比赛的心态，虽然多少是会有一些紧张，不对，不是说多少有一些紧张，是很紧张，但是觉得自己可以掌控这种紧张，因为我经历过2008年的奥运会，然后这中间又经历了很多次比赛，有过很多这样的经历，所以对于今天可能遇到的困境是有准备的。

记者：看来，你是有准备的，这也充分说明你是有足够的自信的。反正拿金牌就要面对挑战，就要做好这样的准备，也要相信自己有能力面对这样的挑战，是吧？

董栋：对，我已经做好了充分的准备。动作做到最后的时候已经做出了一种感觉，一种兴奋的感觉。

记者：当你落在网上那一刻，完成最后一跳那一刻，挥起双拳是不是觉得冠军已经到手了呢？

董栋：可以这么说，因为今天在决赛当中也算是克服了很大的心理障碍，最终选择用了我最大的难度17.8的自选成套动作，而且现在看来这个决策是正确的。因为今天其他选手表现得非常好，如果我在难度上没有一个差距的话，很难有明显的优势，所以今天我觉得发挥出了我的水平。

记者：2008年的时候你是不是也算是希望最大的？为什么那个时候却与金牌错过了呢？

董栋：我觉得可能是希望最大的，别人觉得希望大，我自己也有那样去想。没能够夺冠，其实是我自己根本没有准备好，更多的是心态上没有准备好。当时是想拿那个冠军，但只是想拿冠军，到底要怎么拿根本不知道。你要怎么样去完成你的动作，你每一步要怎么去走，感觉整个人都是没有概念的。上场的那一刻，脑子就一片空白了，直到做完最后一个动作，仿佛才恢复了意识。

记者：对于2008年的失利，你现在有怎样的看法？

董栋：2008年那样一次经历，对我整个人生来说是非常重要的一次经历。而且也是因为那样的一次经历，才奠定了我今后这几年的这些成绩。所以对我来说真的是非常好的一次经历。首先，不得不说2008年肯定是个灾难，没拿金牌比什么打击都大。但就是那样的一次经历让我成长了非常多，学会了面对比赛、面对人生抉择、面对逆境时，需要靠智慧去解决。要让自己拥有更多的智慧，通过阅读去感悟人生更多的悲欢离合、高低起伏。因此体育给了我很多在精神上的享受。另外，现在回头来看，我也无法断定那枚铜牌是好是坏。当时的坏事，未必就永远是坏事。没有四年前的疼，自然没有今天的斗志，有时候苦难真是一笔财富。用更长跨度的时间来看，我觉得输掉比赛未必全是坏事，至少它让我激励自己永不放弃，心中会有股力量在支撑自己。金牌、铜牌，什么是好，什么是坏，全在自己的界定，你眼下的想法不会是几年后的态度，因为我今天是平常心，对待什么事情都是平常的心态。奥运会其实也只是一场比赛，我们完成的是自己的分内事，不要去过多地考虑结果，拿到奥运冠军之后我也还是平常人。

心理分析

董栋的成功源于他有一颗超出常人的“平常心”。了解他的人都知道，私底下董栋就是一个“哲学家”，极高的思想境界和领悟

能力使他不管做什么事情都会抱着这种平常心，连获得奥运冠军也不例外。

到底是什么练就了他这样的平常心？首先，是源于他本身的自信心。董栋的特点是技术成熟、动作飘逸，很多业内人士都将董栋的比赛视为“教科书”。或许正是自身的实力赋予了他极强的自信心，在比赛的紧要关头，他以一套高难度动作取胜，尽管赛后他说：“今天在决赛当中也算是克服了很大的心理障碍。最终选择用了我最大的难度17.8的自选成套动作，而且现在看来这个决策是正确的。因为今天其他选手表现得非常好，如果我在难度上没有一个差距的话，很难有明显的优势，所以今天我觉得发挥出了我的水平。”但是如果没有极强的自信，他也不可能冒这样的风险。董栋的自信使他可以保持着一颗平常心去完成这样一套高难度的动作，他相信凭借自己的实力是绝对可以很好地掌控这套动作的。其次，练习蹦床已经十个年头的董栋，经历了无数次的成功与失败，正是他这么丰富的、起起伏伏的人生经历造就了他一种平和的心态。连董栋自己也说："我练习蹦床今年是整十年。十年磨一剑。我经历了 2008 年奥运会，经历了很多的成功与失败。大家训练的水平都很高，但是最后分出名次的原因更多是心态。所以我觉得我这一次的心态非常好。"确实，在 2008 年的北京奥运会，董栋与金牌擦肩而过，他哭了，那眼泪蕴含着遗憾："期待了十多年的东西，在最接近的一刻失去……"不过，"哲学家"董栋很快就想明白了："世上没有绝望的处境，只有对处境绝望的人。我相信我依然是最好的。"他甚至感激北京奥运会的失利："这是我运动生涯中最宝贵的经历，没有四年前的失利，就成就不了现在的我。"同时，深知北京奥运会想得太多、输在心态的董栋赛前还为自己减压："人生总有圆不了的梦。即使拿不到冠军，也不能抹杀我取得的成绩，我依然是我，顺其自然吧。"正如他自己所说的一样，他也用行动证明了自己，北京奥运会之后，董栋并没有气馁，反而越战越勇。

董栋一共获得过 8 次世界冠军，其中 6 次都是在北京奥运会失利后获得的。董栋似乎已经从低谷走向巅峰，可就在这个时候，命运又跟他开了个玩笑，2011 年世锦赛上，在英国另一座城市伯明翰，此前两届世锦赛冠军董栋收获的是又一次苦涩。他不仅在个人项目上丢掉了金牌，还在团体赛中出现失误，导致中国男队丢掉了团体金牌。这么多的经历，这么多的人生历练，最终铸就了董栋的平常心。

伦敦奥运会夺冠后，年仅23岁的董栋从容地说：“其实我非常激动，奥运会当然不一样，但对我们来说，只是做好分内的事情，没有过多考虑结果。很享受这一刻，但还是平常心。”

最后，董栋把平常心归结于他对于人生和生命的探索。在一段《奥运风云会》的采访中可以看到，董栋平时喜欢阅读，他喜欢在书本中去寻找一些让自己从容和平静的东西，他认为“思想强大才能够真正强大”。

书本确实能够帮助人们激发智慧、引导情绪，正是通过书本，董栋培养了自己的人生境界，时时保持一颗平常心，会让人更加豁达。赛后的董栋仍然十分平静：“我还是比较平淡吧，以前一直渴望的金牌现在到手了，实现夙愿后也就极度兴奋了不到两个小时，然后整个人铆足的那个劲儿也就慢慢释放出来。早上甚至觉得很多以前看得重于泰山的事儿突然没那么重要了，也就一瞬间，都看开了。现在人踏实了，是真能体会到征服巅峰、重新归零的感觉。自己每一步都走好了，回头一看，才发现已经站到了一定的高度。”

守住动作，控制杂念

——郭文珺伦敦奥运会夺冠心理分析

王英春

有人说，射击比赛是简单的，运动员要做的就是面对前方的靶子扣动扳机；也有人说，射击比赛是充满悬念的，不到最后一发子弹谁也不知道最终结果。射击比赛被称为一个人的战斗，运动员要做的就是控制自我、战胜自我，而这并不容易做到。在伦敦奥运会的射击场上，北京奥运会冠军郭文珺最后一枪惊人逆转，卫冕成功，让我们一起来看看这场让人“灵魂出窍”的比赛。

实战案例

2012 年 7 月 29 日，伦敦奥运会在皇家炮团军营结束了女子 10 米气手枪比赛。资格赛中，郭文珺以 388 环成功晋级决赛，暂时排在第一位。雅典奥运会冠军、时居世界排名第一的乌克兰名将科斯特维奇和法国选手格贝维勒以微弱差距排在第二、第三位。决赛开始，第一发，郭文珺失常地打出了 8.0 环，第一枪过后，郭文珺不但一下子失去了资格赛中获得的领先优势，而且排名也被乌克兰和法国选手反超，位于第三。第二枪，郭文珺迅速提升状态，打出了 10.8 环，与另外两名选手并列第一。第三枪，郭文珺打出 9.3 环，其成绩又退居次席。之后，郭文珺表现稳定，分别打出 10.5 环、10.1 环、10.1 环、10.3 环、9.8 环。第九枪结束，郭文珺落后 0.5 环，居第二位，最终结果留待最后一枪见分晓。此时，所有人的心里都异常紧张，赛场气氛紧张到令人窒息。最后一枪，郭文珺以精彩的 10.8 环完美收官，而科斯特维奇则只打出 8.8 环，郭文珺成功卫冕，上演反超的好戏，为中国代表团赢得了在伦敦奥运会上的第五枚金牌。

郭文珺成为继杨凌之后中国射击队第二位成功卫冕的选手，也是女子手枪项目上实现卫冕的历史第一人。同时，郭文珺也打破了历来萦绕中国射击队“但见新人笑,哪闻旧人哭”的“魔咒”。赛后，记者对郭文珺进行了采访。

记者：今天这场决赛真是打得太精彩了，第九发的时候还落后 0.5 环，最后一发 10.8 环，好多人都没有想到，不知道你当时是怎么想的？

郭文珺：因为第一枪就打了个 8.0 环，确实从思想上就老实了，再没有什么想法了，中间整个过程还是打得比较老实吧。尤其到最后也确实没有多余的想法，就是认认真真地守住自己的动作，所以到最后一发的时候，我也只是想着认认真真做好这一发就结束了。

记者：射击需要一颗“大心脏”，不知道你在场上是什么样的感觉？

郭文珺：也紧张，但是我知道该做什么。

记者：特别沉稳，是吧？

郭文珺：还好吧。

记者：决赛也都是实力比较强的选手，感觉自己的决赛发挥如何？

郭文珺：从大环上来说，也算是正常的水平吧。但是从单发上来看，第一发失误是有点大，8.0 环确实是有点远了，但是后面调整得还是比较理想的。

记者：射击是很难卫冕的项目，今天你能成功卫冕，是怎么做到的？

郭文珺：确实从打资格赛开始就思绪万千，就确实想卫冕，就不停地控制自己，一定要守住。打决赛之前也很紧张，确实想拿（冠军），但是我做到了。

心理分析

2008 年北京奥运会，郭文珺作为小将首次参加奥运会，其凭借优异的表现站在了最高的领奖台上。之后四年，郭文珺完成了结婚、生子等人生大事，并在女儿 3 个半月大的时候重返国家队。2012 年伦敦奥运会，郭文珺携小将苏玉玲再次站在奥运赛场上。再次站在奥运赛场上，心情会是如何？赛后采访中，郭文珺提到，北京奥运会的时候，是第一次参加奥运会，没有什么想法，做好自己就好，对结果也没有期待。但是这一届，取胜欲望确实比上一届要强很多。因此，卫冕奥运冠军会有更多的压力。郭文珺的成功卫冕受很多因素的影响，如扎实的基本功、刻苦的训练、赛前的精心准备等。从精彩的决赛表现来看，正确的比赛心理定向是保证郭文珺在最后一枪完成绝杀而最终获得胜利的重要因素。

比赛心理定向是指运动员在比赛前和比赛中的注意焦点。比赛心理定向会隐藏在运动员的潜意识里，无时无刻不对运动员产生重要影响。积极的心理定向是将注意力放在比赛过程上，放在当前任务上，放在自我控制上。

过程定向是比赛时将注意的方向定位在比赛过程要素，而不是比赛最终结果的认知倾向。如果把心理定向在比赛的结果上，运动员就会难以摆脱对比赛社会影响的考虑。这样不仅会消耗一些心理能量，同时还会引起焦虑和各种生理反应，造成神经和肌肉的疲劳，最终容易导致失败恐惧。决赛中，郭文珺很好地做到了过程定向。

"守住动作"是赛后郭文珺经常提到的一句话，而这简单的四个字也充分表达了郭文珺正确的过程定向。射击比赛中，运动员要做的就是机械地完成每一个动作。如郭文珺所说："打完第一发之后，所要做的事情就是专心地、投入地、专注地做好这一过程。第一发之后，十个动作已经完成一个了，还剩九个动作，一个一个地过……最后一枪和我平时的十环动作没有什么区别，就是冷冷静静地、专心地、专注地在做这个动作，没有任何想法。"

当前定向是比赛时将注意的方向定位在当前任务，而不是过去或将来结果的认识倾向。当前定向要求运动员能够进行积极的调整，始终保持和确立从零开始的定向，将注意力集中在立刻需要完成的任务中，不去过多考虑将来的结果，也不纠结于已经发生的事情。决赛中，当郭文珺第一发打出 8.0 环后，所有观看比赛的人都为之震惊，甚至有人对郭文珺夺冠丧失了信心。此时，如果郭文珺纠结于 8.0 环的动作，或者因为这一发的表现而担心最终的成绩，那结果就可想而知。相反地，郭文珺进行了迅速调整，第二发打出了 10.8 的好成绩。这样，为后面的夺冠奠定了良好的基础。实际上，在资格赛中，郭文珺已经尝到了考虑结果的苦头。资格赛中，郭文珺展现了良好的竞技状态，前三组每一组都打出了98环的高分。这样，如果在最后一组仍能保持这种态势的话，郭文珺就有可能打破此项目393环的资格赛世界纪录。但最后一组，郭文珺状态出现起伏，只打出了94环。赛后采访中，郭文珺这样描述资格赛的最后一组比赛："最后一组确实是思想都快飞起来了，就感觉有强烈的欲望想打好。可能因为前面三组都打得比较不错，最后一组特别希望能'咬'下来。越是这样想，杂念越多，动作越不流畅，而且时间又紧。还剩六发子弹的时候还有十分钟时间……下去之后我和教练说我紧张，我守不住思想。确实是守不住自己……教练说完之后我就冷静了，再上去做动作心里就踏实多了。"

主位定向要求运动员能够将注意力指向自己的思维和行动，而不是其他难以控制的因素的认知倾向。比赛受很多因素的影响，如天气、对手、裁判等，关注不能控制的因素会让运动员产生无助感而信心下降，同时还可能会消耗心理能量。在问及射击比赛的特点时，郭文珺的教练员薛保全提到："射击比赛就是这样，其结果有很大不确定性，首先是要自己正常发挥，但关键就是自己控制不了别人，别人打出什么水平我们都无从知道。有可能你自己打得很好，但别人可能破世界纪录了。或许自己感觉不好的时候，别人打得更不好。因此，运动员所要做的就是控制好自己，认认真真完成自己的动作。"中国射击队总教练王义夫说过："射击选手在比赛中也紧张，但因为大家都紧张，也就无所谓了，就看谁能在紧张状态下，持续地平稳击发。"不管是在资格赛还是在决赛中，郭文珺也时不时会思绪万千，但关键是自己做到了理想的调控。

比赛心理定向是在长期实践和累积经验的基础上形成的，保持的时间较长，具有一定的惯性。因此，在日常训练中，教练员或运动员就要有意识地养成正确的比赛心理定向的习惯，这样就能在巨大的比赛压力下仍表现完美。

参考文献

[1] 张力为. 中国运动员奥运夺冠经典案例心理分析 [M]. 北京：北京体育大学出版社，2008.

[2] 张力为，毛志雄. 运动心理学 [M]. 北京：高等教育出版社，2007.

[3] Bandura A.social foundations of thought and action ：a social cognitive theory[M]. Englewood Cliffs, NJ: Prentice-Hall，1986.

[4] 张力为 , 毛志雄 . 运动心理学 [M]. 上海 : 华东师范大学出版社，2003.

[5] 张力为 . 现代心理训练方法 [M]. 北京 : 北京体育大学出版社，2004.

[6] 彭聃龄 . 普通心理学 [M]. 北京 : 北京师范大学出版社，2004.

[7] 几何 . 张怡宁回忆赛场“备用板”意外急中生智换战术 [EB/OL].[2008-08-24]. http://sports.sohu.com/20080824/n259171985.shtml.

[8] 丁秀玲，朱峰 . 张怡宁遭遇 “胶水门” 球拍检测考验乒乓国手 [EB/OL]. [2007-12-19].http://2008.sohu.com/20071219/n254181867.shtml.